ENCUENTROS

A_tope.com

VOKABELTASCHENBUCH

Cornelsen

Symbole und Abkürzungen

abc Die graugedruckten Verben sind unregelmäßig oder haben eine Besonderheit.
▶ bezeichnet verwandte spanische Wörter.
= bezeichnet Wörter und Wendungen mit gleicher Bedeutung.
≠ bezeichnet Wörter und Wendungen mit gegensätzlicher Bedeutung.
E Englisch
F Französisch
⚠ bezeichnet eine sprachliche Besonderheit.

adj. *adjetivo* (Adjektiv)
adv. *adverbio* (Adverb)
alg. *alguien* (jemand/en/-m)
a/c *alguna cosa, algo* (etwas)
f. *femenino* (feminin, weiblich)
fam. *familiar* (umgangssprachlich)
m. *masculino* (maskulin, männlich)
mex. *mexicano* (mexikanisch)
pl. *plural* (Plural)
sing. *singular* (Singular)
subj. *subjuntivo*
sust. *sustantivo* (Nomen, Substantiv)

¡Vamos!

la unidad	die Lektion	E unit F l'unité *f.*
¡Hola y bienvenidos!	Hallo und willkommen!	
¡Hola!	Hallo!	
y	und	
¡Vamos!	*hier:* Los geht's!	
soy	ich bin	Soy Pablo.
tú	du	
¿Cómo te llamas?	Wie heißt du?	
¿cómo?	wie?	F comment?
Me llamo [...].	Ich heiße [...].	Me llamo Sara.
Soy de [...].	Ich komme aus [...].	Soy de España.
de	aus, von	F de
México	Mexiko	
¿De dónde eres?	Woher kommst du?	
¿de dónde?	woher?	
España	Spanien	E Spain F Espagne
¿Estudias?	*hier:* Gehst du zur Schule?	
aquí	hier	¿Estudias aquí?
en	in, an, auf	Estudio en México.
sí	ja	
Estudio.	*hier:* Ich gehe zur Schule.	

el instituto = insti *(fam.)*	die Schule	
oye	hör mal, *hier:* sag mal	Oye, ¿cómo te llamas?
¿Hablas alemán?	Sprichst du Deutsch?	
¿Hablas [...]?	Sprichst du [...]?	
el alemán	Deutsch *(Sprache)*	F l'allemand *m.*
¿no?	*hier:* oder?, nicht?	Tú eres de México, ¿no?
pues	*hier:* also	Pues sí, soy de México.
no	nein	E no F non
pero	aber	Soy de México, pero estudio aquí.
Hablo (un poco de) [...].	Ich spreche (ein bisschen) [...].	Hablo un poco de inglés.
un poco (de)	ein bisschen	– ¿Hablas español? – Un poco. F un peu (de)
el inglés	Englisch *(Sprache)*	E English F l'anglais *m.*
¡Adiós!	Auf Wiedersehen!	
¡Hasta luego!	Bis dann!	
el español	Spanisch *(Sprache)*	F l'espagnol *m.*
el turco	Türkisch *(Sprache)*	E Turkish F le turc
el ruso	Russisch *(Sprache)*	E Russian F le russe
el polaco	Polnisch *(Sprache)*	E Polish F le polonais
el italiano	Italienisch *(Sprache)*	E Italian F l'italien *m.*
el francés	Französisch *(Sprache)*	F le français

PASO 1

el paso	der Schritt	F le pas
el/la	der/die/das (*best. Art. Sg.*)	F le/la

los/las	die (*best. Art. Pl.*)	**F** les
el/la amigo/-a	der/die Freund/in	La amiga de Ana es de México. **F** l'ami/e
charlar	sich unterhalten	= hablar
con	mit	Marta charla con una amiga.
un/a	ein/e (*unbest. Art.*)	**F** un/e
la plaza	der Platz	Los amigos charlan en la plaza. **F** la place
el/la chico/-a	der Junge /das Mädchen	Los chicos no hablan español.
¿Qué tal?	Wie geht's?	
muy	sehr	– ¿Qué tal? – Muy bien, ¿y tú?
bien	gut	≠ mal **F** bien
¡Mira!	Sieh mal!	
él	er; *hier:* das	Él es Juan, un amigo. **F** il

yo – ich	**nosotros/-as** – wir
tú – du	**vosotros/-as** – ihr
él/ella – er/sie	**ellos/-as** – sie
usted – Sie *(höfliche Anrede Singular)*	**ustedes** – Sie *(höfliche Anrede Plural)*

ser	sein	
Mucho gusto.	Freut mich (sehr)!	– Hola, soy Juan. – Mucho gusto.
también	auch	¿Estudias en Madrid? ¡Yo también!
estudiar	lernen, studieren; *hier:* zur Schule gehen	**E** to study **F** étudier
o	oder	**E** or **F** ou
ya	schon	¿Estudias o ya trabajas?

trabajar	arbeiten	**F** travailler
no	nicht (*Verneinung*)	Yo no soy de aquí.
¿dónde?	wo?	¿Dónde trabajas?
juntos	zusammen	Los chicos estudian juntos.
ser **de**	kommen aus	Tú no eres de aquí, ¿verdad?
¿verdad?	nicht wahr?	= ¿no?
Ciudad de México	Mexiko-Stadt	
la ciudad	die Stadt	**E** city
¿Cómo estás?	Wie geht es dir?	
¿Cómo te va?	Wie geht es dir?	
regular	normal	– ¿Qué tal? – Regular.
tirando	*hier:* Es geht so.	– ¿Cómo te va? – Pues, tirando.
mal	schlecht	≠ bien **F** mal
hablar	sprechen, reden	Marta habla con Juan.
escuchar	(zu)hören	Marco escucha música rock. **F** écouter
la música	die Musik	**E** music **F** la musique
el pop	die Pop-Musik	**E/F** (le) pop
el rock	die Rock-Musik	**E/F** (le) rock
el hip hop	der Hip-Hop	**E** hip hop **F** le hip-hop
tocar + *Instrument*	ein Instrument spielen	Olivia toca la guitarra.
la flauta	die Flöte	**E** flute **F** la flûte
la guitarra	die Gitarre	**E** guitar **F** la guitare
el piano	das Klavier	**E/F** (le) piano
bailar	tanzen	Oye, ¿bailas salsa?

la salsa	Salsa *(Musik, Tanz)*	
el merengue	Merengue *(Musik, Tanz)*	
el flamenco	Flamenco *(Musik, Tanz)*	Elena baila muy bien flamenco.

PASO 2

¿quién?	wer?	¿Quién es Elena? **F** qui?
allí	dort (drüben)	Elena es la chica allí.
la hermana	die Schwester	Ella es la hermana de Gustavo.
¿Cómo se llama?	Wie heißt er/sie?	
Se llama [...].	Er/sie heißt [...].	Se llama María.
ahora	jetzt	Ahora vivo en Madrid.
vivir (en)	leben, wohnen	**F** vivre
el hotel	das Hotel	¿Cómo se llama el hotel?
comer	essen	¿Comemos en la cafetería?
No sé.	Ich weiß nicht.	
la cafetería	die Cafeteria	
¿qué?	was?, welche/n/-s?	– ¿Qué estudias? – Alemán.
escribir (a/c a alg.)	schreiben	**F** écrire
el texto	der Text	Pablo escribe un texto.
para	für	Juan trabaja para Elena.
la clase de alemán	der Deutschunterricht	En la clase de alemán aprendemos alemán.
la clase	der Unterricht	
aprender	lernen	Silvia aprende español en México. **F** apprendre

el restaurante	das Restaurant	María come en un restaurante.
la discoteca	die Diskothek	Ana baila con Fran en la discoteca.
el bar	die Bar, die Kneipe	¿Tomamos algo en un bar?
el violín	die Geige	**E** violin **F** le violon
el aeropuerto	der Flughafen	**E** airport **F** l'aéroport *m.*
comprender	verstehen	**F** comprendre
la palabra	das Wort	No comprendo la palabra.
la actividad	die Aktivität	**E** activity **F** l'activité *f.*
beber	trinken	– ¿Qué bebes? – Un zumo de naranja.
leer	lesen	**F** lire
el libro	das Buch	**F** le livre
el bocadillo	das belegte Brötchen	
el árabe	Arabisch *(Sprache)*	**E** Arabic **F** l'arabe *m.*
el periódico	die Zeitung	¿Qué periódico lees?
Cuba	Kuba	
la coca-cola	die Cola	
el zumo de naranja	der Orangensaft	
el zumo	der Saft	
la naranja	die Orange	
la carta	der Brief	Escribo una carta para Marta.
la pizza	die Pizza	
el chino	Chinesisch *(Sprache)*	**E** Chinese **F** le chinois
el e-mail	die E-Mail	Lola escribe un e-mail a Juan.
Argentina	Argentinien	

PASO 3

bueno	*hier:* also	Bueno, ¿qué tomamos?
entonces	dann	– Vivo en Berlín. – ¿Entonces hablas alemán?
tomar algo	etwas zu sich nehmen / trinken	¿Tomamos algo juntos?
tomar	nehmen	Yo tomo un bocadillo y un café.
algo	etwas	
el jamón	der Schinken	**F** le jambon
el queso	der Käse	
el café con leche	der Milchkaffee	– ¿Qué tomas? – Un café con leche.
el café	der Kaffee	
la leche	die Milch	**F** le lait
para + *Infinitiv*	(um) zu	Bueno, una pizza ... ¿Y para beber?
nada	nichts	– ¿Tomas algo? – No, nada.
gracias	danke	– ¿Tomas algo? – No, gracias.
¿quiénes?	wer? *(bei mehreren Personen)*	¿Quiénes son los chicos allí?
el hermano ▶ la hermana	der Bruder	
el gaucho	der Gaucho, Viehhirte	En Argentina hay gauchos.
el centro	das Zentrum, die Innenstadt	¿Vives en el centro de Madrid?
la región	die Region	= la zona
la zona	die Zone, das Gebiet	Es una zona tranquila.

PARA COMUNICARSE

I sich begrüßen/verabschieden
¡Hola!
¡Adiós! / ¡Hasta luego!

I nach dem Befinden fragen
¿Qué tal? / ¿Cómo estás? / ¿Cómo te va?
Muy bien. / Bien. / Regular. / Tirando. / Mal.

I sich vorstellen
Soy ___. /
Me llamo ___.

I die Herkunft erfragen und angeben
¿De dónde eres?
Soy de ___.

I angeben, welche Sprachen du sprichst
Hablo ___ y un poco de ___.

UNIDAD 2 LA FAMILIA Y LOS AMIGOS

¡Vamos!

la familia	die Familie	E family F la famille
Tengo [...] años.	Ich bin [...] Jahre alt.	Tengo diecisiete años.
el año	das Jahr	F l'an *m.*, l'année *f.*
mi/s	mein/e	Mi hermano estudia en Barcelona.
los padres	die Eltern	Yo vivo con mis padres.
el/la alumno/-a	der/die Schüler/in	Los alumnos comen en el instituto.
el bachillerato	das Abitur	Javi es alumno de bachillerato. F le baccalauréat
la afición	das Hobby	La afición de Clara es el fútbol.
la batería	das Schlagzeug	Carlos toca la batería.
cantar	singen	Elena canta muy bien. F chanter

el nombre	der Vorname, Name	Mi nombre es Marco.
el apellido	der Nachname	El apellido de Marco es Sánchez Cuenca.
la dirección	die Adresse	Mi dirección es: Calle Mayor 31.
la calle	die Straße	Vivo en la calle Cervantes.
el teléfono	das Telefon	Mi teléfono es 003491 ...
el móvil	das Handy	¿Dónde está mi móvil? E/F (le) mobile
este es [...]	das ist [...]	Mira, este es mi amigo Juan.
Tiene [...] años.	Er/sie ist [...] Jahre alt.	Tiene veintiún años.
su/s	sein/e, ihr/e, Ihr/e	Su padre trabaja en Cuba.
la madre	die Mutter	Kike vive con su madre en Madrid.
el fútbol	der Fußball *(Sportart)*	E/F (le) football
la película de acción	der Actionfilm	Mi afición son las películas de acción.
la película	der Film	
esta es [...]	das ist [...]	Mira, esta es mi hermana.
el padre	der Vater	¿Dónde trabaja tu padre?
el/la compañero/-a	der/die Freund/in, Kollege/-in; *hier:* Partner/in	
el/la estudiante ▶ estudiar	der/die Student/in	Carmen es estudiante. E student F l'étudiant/e
Gestión Comercial y Marketing	Kaufmännisches Management und Marketing	
chatear	chatten	E chat
nadar	schwimmen	La afición de Carla es nadar. F nager
el/la compañero/-a de piso	der/die Mitbewohner/in	Mi compañera de piso se llama Alicia.

el piso	die Wohnung	Vivo en un piso con mi madre.
Empresariales	Betriebswirtschaft	
la universidad	die Universität	¿Estudias en la universidad?
cocinar	kochen	¿Cocinamos algo juntos?
la arroba	das @-Zeichen	
el punto	der Punkt	
el guión	der Bindestrich	fede-ma@terra.es
el guión bajo	der Unterstrich	fede_ma@terra.es
montar a caballo	reiten	Elena monta a caballo.
el caballo	das Pferd	**F** le cheval
esquiar	skifahren	La afición de Luis es esquiar.
pintar	malen	Juan pinta muy bien. **E** to paint
tomar fotos	fotografieren	Javi toma fotos de sus amigos.
la foto	das Foto	
navegar en internet	im Internet surfen	Mónica navega en internet.
el internet	das Internet	
el voleibol	der Volleyball *(Sportart)*	
el tenis	das Tennis *(Sportart)*	
el baloncesto	der Basketball *(Sportart)*	

PASO 1

el momento	der Moment	– Hola, ¿está Javi? – Sí, un momento.
la vida ▶ vivir	das Leben	¿Qué hay de tu vida? **F** la vie

estar	sich befinden, sein	- ¿Dónde estás? - Estoy en el instituto.
a	nach, zu; *hier:* an	María escribe una carta a sus hermanos.

mi/s - mein/e	**nuestro/-a/s** - unser/e
tu/s - dein/e	**vuestro/-a/s** - ihr/e
su/s - sein/e, ihr/e, Ihr/e	**su/s** - ihr/e, Ihr/e

el/la primo/-a	der/die Cousin/e	Jesús tiene tres primos en México.
el asunto	die Angelegenheit; *hier:* der Betreff	
por aquí	hier (in der Gegend)	Yo vivo por aquí.
todo bien	alles gut, alles in Ordnung	- ¿Todo bien? - Sí.
todo *adv.*	alles	≠ nada **F** tout
lejos	weit (weg)	México está lejos. ≠ cerca
la casa	das Haus; *hier:* das Zuhause	Mi casa no está lejos.
hay *(Infinitiv:* haber*)*	es gibt	¿Hay café?

⚠ **Hay und estar** — En mi calle **hay** un instituto. En mi calle **está** el Instituto López.

la estación de metro	der U-Bahnhof	¿Hay una estación de metro por aquí? **F** la station de métro
la estación	der Bahnhof, die Station	**E/F** (la) station
el metro	die U-Bahn	**F** le métro
cerca	nah	Yo vivo cerca de la estación. ≠ lejos

de momento	im Moment	De momento vivo en Madrid.
la biblioteca	die Bibliothek	En el instituto hay una biblioteca.
siempre	immer	Siempre charlo con mis amigos.
un montón de	eine Menge	En la biblioteca hay un montón de libros.
el/la compañero/-a de curso	der/die Mitschüler/in	Alicia y Javi son compañeros de curso.
el curso	der Jahrgang, die Klasse	Somos 90 alumnos en el curso.
mucho *adv.*	viel	Ellos comen mucho. **E** much
el comedor ▶ comer	die Mensa	Los alumnos comen en el comedor.
del	de + el *(Kontraktion)*	Javi está en el comedor del instituto.
América Latina *f.*	Lateinamerika	Colombia está en América Latina.
a veces	manchmal	A veces como en el comedor.
Colombia	Kolumbien	
después de	nach	Después de clases charlo con mis amigos.
por supuesto	natürlich; na klar	– ¿Comemos juntos? – ¡Por supuesto!
la fiesta	die Party	¿Hay una fiesta? ¡Qué genial! **F** la fête
¡Qué vida!	Was für ein Leben!	
¡Qué + *sustantivo***!**	Was für ein [...]!	¡Qué foto!
el examen	die Prüfung	**E** exam **F** l'examen *m.*
cambiando de tema	*hier:* Themawechsel	Cambiando de tema ... ¿qué comemos?
el/la novio/-a	der/die feste Freund/in; der Bräutigam / die Braut	Oye, ¿es Javi tu novio?
¡Qué genial!	Wie schön!	
¡Qué + *adjetivo***!**	Wie [...]!	
genial	genial, toll, super	Las fiestas de María siempre son geniales.

¡Dime!	Erzähl!, Sag!	Dime, ¿cómo se llama tu hermana?
el plan	der Plan	Mis planes para el verano: nadar y bailar.
el verano	der Sommer	En verano nado mucho.
tal vez	vielleicht	¿Qué comemos? ¿Tal vez una pizza?
el beso	der Kuss	
se llaman	(sie) heißen	Mis sobrinas se llaman Sabrina y Marta.

PASO 2

sonar (o → ue)	klingeln	Suena un móvil. F sonner
la Puerta del Sol	*Ort im Zentrum von Madrid*	
cerca (de)	in der Nähe (von)	Mi casa está cerca de la Puerta del Sol.
fatal	*hier:* sehr schlecht	– ¿Qué tal en el instituto? – Fatal. ≠ genial
tener (e → ie; yo tengo)	haben	Oye, ¿tienes novio? – Sí, tengo.
otra vez	(schon) wieder, nochmal	– Tengo problemas con mi novia. – ¿Otra vez?
el problema	das Problem	Javi tiene problemas en el instituto.
querer (e → ie)	wollen	¿Qué quieres comer?
jugar (u → ue)	spielen	F jouer
jugar **al fútbol**	Fußball spielen	¡Vamos, jugamos al fútbol!
jugar **a** + *Artikel* **[...]**	[...] spielen	¿Queréis jugar al voleibol?
jolines	verdammt	– Alicia ya tiene novio. – ¡Jolines!
sólo	nur	Juan sólo piensa en Alicia.
pensar **(en)** (e → ie)	denken (an)	Alicia no piensa mucho en él. F penser (à)

la cosa *f.*	die Sache	**F** la chose
ya no	nicht mehr	Ya no puedo más.
aguantar	aushalten	Ya no aguanto más.
más	mehr	¿Quieres más café?
poder (o → ue)	können	¿Puedes tomar una foto de nosotros?
vale	okay, in Ordnung	– ¿Bailamos? – Vale.
lo mismo	das gleiche, dasselbe	Siempre es lo mismo.
al final	am Ende, letztendlich	Al final siempre es lo mismo.
el final	das Ende	
volver (o → ue)	zurückkehren	Jesús quiere volver a México.
volver **con**	wieder mit jdm. zusammenkommen	Juan quiere volver con Alicia.
seguro que (no)	bestimmt (nicht)	Seguro que Sara no tiene novio.
seguro *adv.*	sicher, bestimmt	
hoy	heute	Hoy tengo un examen.
por la noche	am Abend	¿Tienes tiempo hoy por la noche?
la noche	die Nacht, der Abend	
tener **tiempo**	Zeit haben	Hoy no tengo tiempo.
el tiempo	die Zeit	**E** time **F** le temps
quedar	*hier:* sich (mit jdm.) verabreden	¿Dónde quedamos?
la luna	der Mond	**F** la lune
el limón	die Zitrone	**E** lemon
mayor	alt, älter	Javi tiene un hermano mayor.
¿Cuántos años tiene?	Wie alt ist er/sie?	¿Cuántos años tiene tu hermano?

¿cuánto/-a?	wie viel/e?	– ¿Cuántos limones quieres? – Sólo uno.
¡Qué va!	Ach was!	– ¿Tienes problemas con Ana? – No, ¡qué va!
estupendo *adv.*	super	– Hoy hay una fiesta. – ¡Estupendo!
primero	zuerst	Quiero cenar primero.
tener **que** + *Infinitiv*	müssen	Tengo que estudiar para el examen. **E** to have to
a casa	nach Hause	Tengo que volver a casa.
cenar	Abendbrot essen	Siempre ceno con mis padres.
después	danach	
hasta	bis	Hasta luego.

PASO 3

la boda	die Hochzeit	Hoy es la boda del hermano de Juan.
el hijo	der Sohn	Él y la novia tienen un hijo.

La familia

los padres:	el padre – der Vater	la madre – die Mutter
los hijos:	el hijo – der Sohn	la hija – die Tochter
los abuelos:	el abuelo – der Großvater	la abuela – die Großmutter
los nietos:	el nieto – der Enkel	la nieta – die Enkelin
los tíos:	el tío – der Onkel	la tía – die Tante
los sobrinos:	el sobrino – der Neffe	la sobrina – die Nichte
los primos:	el primo – der Cousin	la prima – die Cousine
los padrastros:	el padrastro – der Stiefvater	la madrastra – die Stiefmutter

tener **lugar**	stattfinden	La fiesta tiene lugar en el bar Sol.
mucho/-a	viel	Ana tiene muchos amigos. ≠ poco/-a
la gente *(nur Singular)*	die Leute	En la fiesta hay un montón de gente.
sobre todo	vor allem	La gente come mucho, sobre todo Juan.
como	wie	Javi no es como Juan: él baila mucho. F comme
la comida ▶ comer ▶ el comedor	das Essen	En la fiesta hay mucha comida.
en total	insgesamt	En total Juan baila con tres chicas.
el plato	das Gericht; der Teller	F le plat
el grupo de música	die Band	Un grupo de música toca y la gente baila.
el grupo	die Gruppe	E group F le groupe
la novia	*hier:* die Braut	En la boda, Juan baila con la novia.
guapo/-a	hübsch	Mira ese chico, ¡qué guapo! = bonito/-a ≠ feo/-a
tarde	spät	Juan vuelve a casa tarde. F tard
tener **ganas (de)**	Lust haben (zu)	Juan no tiene ganas de volver a casa.
poco/-a	wenig	Javi tiene poca suerte con las chicas. ≠ mucho/-a F peu
por suerte	zum Glück	Por suerte Alicia no está en la fiesta.
la suerte	das Glück	– Tengo un examen. – ¡Suerte!
pronto	bald	¡Hasta pronto!
otro/-a	ein/e andere/r/-s, ein/e weitere/r/-s	Juan baila con Elena y con otra chica. F autre

disponer **(de)** (yo dispongo)	verfügen (über)	El hotel dispone de 85 habitaciones.
el ambiente	das Ambiente	El ambiente en la fiesta es genial.
elegante	elegant	El «Presidente» es un hotel muy elegante.
la habitación	das Zimmer	La habitación de Juana no es muy grande.
confortable	komfortabel	Las habitaciones son muy confortables.
tranquilo/-a	ruhig	Javi es un chico tranquilo. ≠ ruidoso/-a
moderno/-a	modern	Sólo escucho música moderna. ≠ antiguo/-a
la terraza	die Terrasse	Sara vive en una casa con terraza.
grande	groß	La casa de Silvia es grande. ≠ pequeño/-a **F** grand/e
la vista	die Aussicht	¡La vista es fantástica!
fantástico/-a	fantastisch	Alicia es una chica fantástica, piensa Juan.
la piscina	das Schwimmbecken	Sara y María quedan en la piscina. **F** la piscine
pequeño/-a	klein	María tiene un hermano pequeño. ≠ grande
el/la niño/-a	das Kind	Los niños grandes juegan al fútbol.
el tobogán	die Rutsche	Los niños pequeños juegan en el tobogán.
el pueblo	das Dorf	En el pueblo no vive mucha gente.
el barrio	das Stadtviertel	En Sevilla hay muchos barrios bonitos.
bastante	ziemlich	Olivia toca la guitarra bastante bien.
demasiado *adv.*	zu	La vida en el pueblo es demasiado tranquila para Juan.
antiguo/-a	alt, altertümlich	Toledo es una ciudad antigua. ≠ moderno/-a

bonito/-a	schön	Madrid es una ciudad muy bonita. ≠ feo/-a
feo/-a	hässlich	Hay muchas ciudades feas. ≠ bonito/-a, guapo/-a
interesante	interessant	Toledo es una ciudad muy interesante.
aburrido/-a	langweilig	A veces, la vida en el pueblo es aburrida.
ruidoso/-a	laut	Las ciudades a veces son muy ruidosas.

PARA COMUNICARSE

jemanden vorstellen

Este/Esta es ___.

das Alter angeben

Tengo ___ años.

die Adresse, E-Mail-Adresse und Telefonnummer angeben

Vivo en ___.

Mi e-mail es ___.

Mi teléfono es ___.

Hobbys benennen

Mis aficiones son ___.

Familienmitglieder benennen

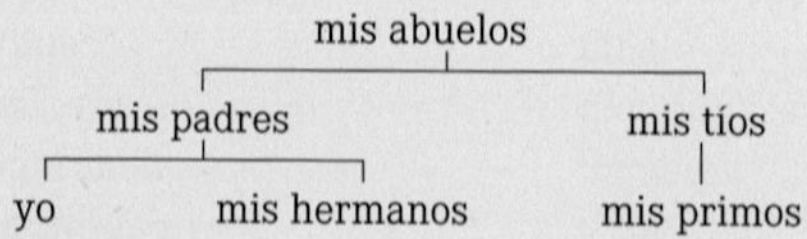

¡Vamos!

el día a día	der Alltag	A veces, el día a día es aburrido.
el día	der Tag	– ¿Qué día es hoy? – Lunes.
¿Qué hora es?	Wie spät ist es?	– ¿Qué hora es? – Son las siete y diez.
la hora	die Stunde, Zeit	Es hora de comer. F l'heure *f.*
Es la / Son las [...].	Es ist [...] Uhr.	
Es la / Son las [...] menos cuarto.	Es ist Viertel vor [...].	

¿Qué hora es?

Es la una (en punto)

Son las dos (en punto).

Son las tres y veinte.

Son las cuatro y cuarto.

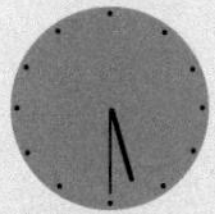

Son las cinco y media.

Son las siete menos veinticinco.

¿A qué hora [...]?	Um wieviel Uhr [...]?	¿A qué hora quedamos?
empezar (e → ie)	anfangen, beginnen	Tengo que empezar a estudiar ahora.
a ver	mal sehen	– ¿A qué hora quedamos? – A ver, ¿a la una?
el minuto	die Minute	¿Tienes un minuto?
a la/s [...]	um [...]	¿Quedamos a las ocho?

de [...] a [...]	von [...] bis [...]	Kike trabaja de lunes a jueves.
el lunes	der Montag	El lunes tengo una entrevista. F le lundi

Los días de la semana Die Wochentage

(el) lunes – (der) Montag
(el) martes – (der) Dienstag
(el) miércoles – (der) Mittwoch
(el) jueves – (der) Donnerstag
(el) viernes – (der) Freitag
(el) sábado – (der) Samstag
(el) domingo – (der) Sonntag

los lunes/martes/... – (immer) montags/dienstags/...
Los sábados jugamos al voleibol.

el lunes/martes/... – am Montag/Dienstag/...
Tengo un examen el lunes.

de [...] a [...] horas	von [...] bis [...] Uhr	Kike trabaja de 7 a 13 horas.
el festivo	der Feiertag	En España hay muchos festivos.
necesitar	brauchen; *hier:* müssen	Necesito el número de teléfono de Andrés.
fotocopiar	fotokopieren	María quiere fotocopiar un documento.
abrir	öffnen	La cafetería abre a las diez de la mañana. ≠ cerrar
mañana	morgen	Mañana tengo un examen.
desde la/s [...] hasta la/s [...]	von [...] bis [...]	Kike trabaja desde las siete hasta la una.
desde	von, ab	Hoy tengo tiempo desde las ocho.

Las horas del día Die Tageszeiten

de la mañana – morgens, vormittags
de la tarde – nachmittags, abends
de la noche – abends, nachts

la mañana	der Morgen	La entrevista es a las diez de la mañana.
¿cuándo?	wann?	– ¿Cuándo vuelves a casa? – El lunes. F quand?
la entrevista	das Interview; *hier:* das Vorstellungsgespräch	– ¿Cuándo es la entrevista? – A las diez.
las prácticas	das Praktikum	Las prácticas de Ana empiezan el lunes.
el concierto	das Konzert	¿A qué hora empieza el concierto?
El [...] de [...]. *(fecha)*	Am [...] *[Monatsname]. (Datum)*	El once de marzo.
el enero	der Januar	En enero tenemos muchos exámenes.

Los meses Die Monate

enero – Januar	abril – April	julio – Juli	octubre – Oktober
febrero – Februar	mayo – Mai	agosto – August	noviembre – November
marzo – März	junio – Juni	septiembre – September	diciembre – Dezember

cerrar (e → ie)	schließen	La biblioteca cierra a las 19 horas. ≠ abrir
tampoco	auch nicht	– No quiero estudiar ahora. – Yo tampoco.
el banco	die Bank	El banco abre a las nueve y media. E bank
Correos *sg.*	die Post *(Amt)*	– ¿Sabes cuándo cierra Correos? – No.

PASO 1

cotidiano/-a	alltäglich	A veces, la vida cotidiana es aburrida.
próximo/-a	nächste/-r	La fiesta es el próximo mes. = siguiente
el mes	der Monat	F le mois

la empresa ▶ las Empresariales	das Unternehmen, der Betrieb	La jefa de la empresa se llama Elena. F l'entreprise *f.*
la informática	die Informatik	María estudia informática.
levantarse	aufstehen	Juan se levanta tarde. ≠ acostarse F se lever
temprano	früh	María tiene que levantarse temprano. ≠ tarde
ducharse	duschen	Después de desayunar, Juan se ducha.
desayunar	frühstücken	María no tiene tiempo para desayunar.
la galleta	der Keks	Juan desayuna galletas y café.
tener **prisa**	es eilig haben, in Eile sein	María tiene mucha prisa.
la prisa	die Eile	Marco siempre desayuna con prisa.
casi	fast	María casi siempre llega tarde.
correr	rennen	Juan no tiene ganas de correr. F courir
coger (yo cojo)	nehmen; *hier:* erwischen	Ana tiene que correr para coger el autobús.
el autobús	der Bus	En el autobús hay mucha gente.
llegar	ankommen	El autobús llega en un minuto.
tarde ▶ la tarde	*hier:* zu spät	Juan llega tarde al trabajo. ≠ temprano
la oficina	das Büro	La jefa está en su oficina.
el/la jefe/-a	der/die Chef/in	La jefa de la empresa se llama Elena.
enfadarse (con alg.)	sich (über jdn.) ärgern	Juan llega tarde y Elena se enfada.
el trabajo ▶ trabajar	die Arbeit	Juan tiene un montón de trabajo. F le travail
quejarse (de)	sich beschweren (über)	Fran se queja de su trabajo.
contestar	beantworten	María contesta una llamada telefónica.

la llamada telefónica	der Telefonanruf	
la carta comercial	der Geschäftsbrief	Lisa escribe muchas cartas comerciales.
mandar	(ver-)schicken	¿Me mandas una postal de Cuba?
la factura	die Rechnung	Lisa manda facturas a sus clientes. F la facture
el/la cliente	der/die Kunde/-in	E client F le/la client/e
ganar	verdienen	María trabaja mucho y gana muy bien. F gagner
el dinero	das Geld	Juan no tiene mucho dinero.
el/la compañero/-a de trabajo	der/die Arbeitskollege/-in	Mar charla con su compañera de trabajo.
simpático/-a	sympatisch	Los compañeros son simpáticos.
llevarse (bien) (con alg.)	sich (mit jdm) (gut) verstehen	María se lleva muy bien con Juan.
al mediodía	mittags	Al mediodía todos comen juntos.
el mediodía	der Mittag	
la ensalada	der Salat	María come una pizza y una ensalada.
la esquina	die Ecke	El restaurante está en la esquina.
por la tarde	am Nachmittag	Por la tarde, María y Juan toman un café.
la tarde	der Nachmittag	María trabaja hasta las cinco de la tarde.
pasar (por) ▶ el paso	vorbeigehen (bei)	A las 5, María pasa por la casa de Juan. F passer (chez)
un rato	eine Weile	María y Juan charlan un rato.
quedarse	bleiben	¿Quieres quedarte un rato? Tengo pizza.
en casa	zu Hause	Los domingos María se queda en casa.
preparar	vorbereiten	Sara tiene que preparar un examen. E to prepare F préparer

siguiente	nächste/-r	= próximo/-a
ver **la tele**	fernsehen	Por la noche, María ve la tele.
ver **(a/c / a alg.)** ▶ la vista	sehen	María tiene ganas de ver a Juan. **F** voir
la tele (fam.) = televisión	das Fernsehen	
acostarse (o → ue)	ins Bett gehen	María se acuesta tarde. ≠ levantarse
menos mal que	zum Glück, immerhin	¡Menos mal que ya es fin de semana! = por suerte
el fin de semana	das Wochenende	El fin de semana, Juan quiere ver a María.

PASO 2

todavía	(immer) noch	Ya es tarde. Mar está todavía en la oficina.
porque	weil	Elena se enfada porque Juan llega tarde. **F** parce que
la presentación	die Präsentation	Juan tiene que preparar una presentación.
¿adónde?	wohin?	– ¿Adónde vamos? – Al cine.
ir	gehen	– Y tú, ¿adónde vas? – A la piscina.
al	a + el *(Kontraktion)*	Juan casi siempre llega tarde al trabajo.
el cine	das Kino	Juan quiere ir al cine con María. **E** cinema **F** le cinéma
por favor	bitte	– ¿Qué tomas? – Un café, por favor.
preferir (e → ie)	vorziehen	María prefiere ir a un concierto. **E** to prefer **F** préférer
otra cosa	etwas anderes	Carmen quiere ver una película de acción, pero Kike quiere ver otra cosa. ≠ lo mismo
¿por qué?	warum?	¿Por qué llegas tarde? **F** pourquoi?
recoger (yo recojo)	abholen	Juan recoge a María a las ocho.

¡Qué pena!	Schade!	– Ya no hay entradas. – ¡Qué pena!
la oreja	das Ohr	F l'oreille *f.*
el club	der Club	Sara y María van al club para bailar.
¡Qué pasada!	cool!, abgefahren!, super!	
comprar	kaufen	¿Cuándo compras las entradas?
la entrada	*hier:* die Eintrittskarte	
llamar	anrufen, rufen	Sara llama a María.
venir (e → ie) (yo vengo)	kommen	– ¿De dónde vienes? – Del concierto. F venir
antes	vorher	Yo quiero cenar antes. ≠ después
bueno/-a	gut	¡Buena idea! F bon/ne
la idea	die Idee	¡Tengo una idea!
la entrada	der Eingang, Eintritt	¿Quedamos en la entrada del club? E entrance F l'entrée *f.*
de acuerdo	einverstanden, okay	– ¿Vamos al cine? – De acuerdo. = vale F d'accord
las Islas Baleares	die Balearen	
la isla	die Insel	Mallorca es una isla. E island F l'île *f.*
(ir) en coche	mit dem Auto (fahren)	Juan y María van en coche al concierto.
el coche	das Auto	El coche es del padre de Juan.
(ir) a pie	zu Fuß (gehen)	Juan y María vuelven a casa a pie. F (aller) à pied
el pie	der Fuß	F le pied

PASO 3

salir (yo salgo)	los-/weggehen, aussteigen, hinausgehen, herauskommen	Elena sale tarde del trabajo. ≠ entrar
el taxi	das Taxi	¿Tomamos un taxi?
de repente	plötzlich	Ana va por la calle y de repente ve a Juan.
el atasco	der Stau	Siempre hay atasco en el centro.
¡Qué mala pata!	Was für ein Pech!	≠ ¡Qué suerte!
malo/-a	schlecht	¡Qué malo eres! ≠ bueno/-a
llegar a tiempo	pünktlich ankommen	Juan y María llegan a tiempo al concierto.
hacer **a/c** (yo hago)	machen	¿Vamos al cine o hacemos otra cosa?
el/la taxista	der/die Taxifahrer/in	
no es para tanto	Halb so schlimm!	– ¡Qué mala pata! – Oye, no es para tanto.
ganar	gewinnen	Quiero ganar mucho dinero. F gagner
puntual ▶ el punto	pünktlich	Juan llega puntual al trabajo. E punctual
entrar (en) ▶ la entrada	eintreten, hereinkommen	Elena entra en la oficina de Juan. ≠ salir E to enter F entrer
vacío/-a	leer	La oficina está vacía.
el/la señor/a	der Herr / die Frau	¿Sabe usted dónde está la señora Ruiz?
perdona	entschuldige	Perdona el retraso.
el retraso	die Verspätung	Juan llega con retraso a la reunión.
la reunión	die Besprechung, Versammlung	F la réunion
importante	wichtig	La reunión es muy importante para Elena. E important F important/e

poner (yo pongo)	legen, stellen	¿Te pongo algo para beber? E to put
el escritorio ▶ escribir	der Schreibtisch	Juan pone sus cosas en el escritorio.
ir **a +** *Infinitv*	etw. tun werden	Hoy voy a cenar con mis padres.
¡Qué suerte!	Was für ein Glück!	≠ ¡Qué mala pata!
corto/-a	kurz	La reunión es bastante corta, ¡qué suerte! F court/e
organizar	organisieren	María tiene que organizar una reunión.
reservar	reservieren	Juan reserva una mesa en un restaurante.
la sala	der Saal	María reserva una sala para la reunión.
preguntar	fragen	¿Tienes novio?, pregunta Juan a María. ≠ contestar
el cartel	das Plakat, *hier:* das Schild	María pone los carteles en la mesa.
el/la participante	der/die Teilnehmer/in	¿Cuántos participantes hay en la reunión? E participant F le/la participant/e
el documento	das Dokument	E/F (le) document
el ordenador portátil	der Laptop	Sara quiere comprar un ordenador portátil.
el ordenador	der Computer	F l'ordinateur *m.*
el vaso	das Glas	– ¿Quieres un vaso de agua? – Sí, gracias.
la bebida ▶ beber	das Getränk	María compra bebidas para la reunión.
la mesa	der Tisch	Puedes poner los vasos en la mesa.
la semana	die Woche	La semana tiene siete días. F la semaine
el correo	die Post	Jesús manda una carta por correo.
muchas veces	oft	Muchas veces hay comida en las reuniones.

PARA COMUNICARSE

Uhrzeit, Datum, Wochentage, Zeitdauer angeben

Es la / Son las ___ y/menos cuarto/veinte/media.
Hoy es el 21 de enero de 2011.
Hoy tengo clases desde las ___ hasta las ___.

einen Tagesablauf schildern

Por la mañana, me ducho, desayuno y voy al insti. Al mediodía como en el comedor. Por la tarde charlo con mis amigos. Por la noche veo la tele y me acuesto temprano.

Pläne machen und sich verabreden

¿Qué hacemos hoy? ¿Vamos al cine / ___?
¿Tenéis ganas de ___?
¿Dónde quedamos?
¿A qué hora quedamos?
¿Cómo vamos?
De acuerdo.

einen Grund erfragen und angeben

– ¿Por qué no vas al cine con nosotros?
– Porque tengo que estudiar.

UNIDAD 4 ¿TE GUSTA?

¡Vamos!

gustar	gefallen, mögen	María le gusta a Juan.
a mí	mir *(betont)*	A mí no me gusta el cine.
me	mir	Me gustan las películas de acción.

(A mí,)	**me**	
(A ti,)	**te**	
(A él/ella,)	**le**	
(A nosotros/-as,)	**nos**	gusta el libro.
(A vosotros/-as,)	**os**	
(A ellos/-as,)	**les**	

la comedia (romántica)	die (Liebes-) Komödie	Alicia quiere ver una comedia en el cine. **E** comedy **F** la comédie
el deporte	der Sport, die Sportart	A Jesús le gusta el deporte.
la persona	der Mensch, die Person	Hay 25 personas en la reunión.
activo/-a ▶ la actividad	aktiv	Carla es una chica muy activa. **E** active **F** actif/-ve
ir **al instituto**	zur Schule gehen	Javi no trabaja. Todavía va al instituto.
los deberes *pl.*	die Hausaufgaben	Por la tarde, Javi hace los deberes. **F** les devoirs *m. pl.*
por ejemplo	zum Beispiel	Sara lee mucho, por ejemplo novelas. **E** for example **F** par exemple
la novela	der Roman	A Carla no le gustan las novelas. **E** novel
ir **de compras** ▶ comprar	einkaufen gehen	Juan va de compras los sábados. **E** to go shopping
eso	das	– ¿Qué es eso? – Una factura.
no me gusta nada	ich mag es überhaupt nicht	Ir de compras no me gusta nada.
el tiempo libre	die Freizeit	¿Qué haces en tu tiempo libre? **F** le temps libre
el/la joven (*pl.:* los jóvenes)	der/die Jugendliche	Muchos jóvenes hablan inglés. **F** le/la jeune
el cedé	die CD	Kike quiere comprar un cedé de rock.
la radio	das Radio	Elena escucha la radio por la mañana.
viajar	reisen	Sara quiere viajar a México.
el trabajo eventual	die Gelegenheitsarbeit	Y tú, ¿haces un trabajo eventual?
la música clásica	die klassische Musik	¿Te gusta la música clásica?
la música electrónica	die elektronische Musik	Javi escucha música electrónica.

el documental	der Dokumentarfilm	Sara ve un documental en la tele.
el ciclismo	der Radsport	E cycling F le cyclisme
la excursión	der Ausflug	¿Hacemos una excursión el sábado? E excursion F l'excursion *f.*

PASO 1

la opinión	die Meinung	Te voy a decir mi opinión. E/F (l')opinion *(f.)*
la discusión	die Diskussion	Juan tiene una discusión con su jefe.
preparar	*hier:* Essen zubereiten	María prepara la cena.
la cena ▶ cenar	das Abendessen	La cena está muy rica.
la cocina ▶ cocinar	die Küche	María está cocinando en la cocina. F la cuisine
la mamá	die Mama	= la madre
la chuleta	das Kotelett	Hay chuleta de cerdo para cenar.
el cerdo	das Schwein, Schweinefleisch	
la patata	die Kartoffel	E potato
el ajo	der Knoblauch	A Juan no le gusta la comida con ajo.
rico/-a	lecker	¡Qué rica la comida!
encantar	begeistern, sehr mögen	A Juan le encanta la música electrónica.
decir (e → i) (yo digo)	sagen	La cena está muy rica, dice Juan. F dire
estar **de acuerdo (con a/c / alg.)**	einverstanden sein (mit)	María está de acuerdo con Juan.
la hamburguesa	der Hamburger	A Javi le gustan las hamburguesas.
anda	los!	Anda, ya puedes empezar a comer.

poner **la mesa**	den Tisch decken	Javi pone la mesa.
dar (yo doy)	geben	Juan le da un beso a María.
el hambre *f.*	der Hunger	⚠ ¡Tengo mucha hambre!
¡A cenar! ▶ la cena	Es gibt Abendessen!	Chicos, ¡a cenar!
¡Ya veo!	Ich sehe schon! *(ironisch)*	– Estoy estudiando. – ¡Ya veo!
¿Y qué?	Na und?	– Tú siempre trabjas. – ¿Y qué?
importar ▶ importante	*hier:* etw. ausmachen	– No hay nada en la tele ... – No importa. Podemos leer algo.
molestar	stören	– ¿Te molesta la música? – No, está bien.
por eso	deswegen	No quiero ir a pie, por eso voy en autobús.
tan	so	Ese grupo de música no es tan bueno.
creer	glauben	– ¿No me crees? – No, no te creo. F croire
es que	*hier:* es ist so, dass; nämlich	Yo voy mucho a los clubs. Es que me encanta bailar.
ojalá	hoffentlich	– ¡Hoy vamos a ganar! – ¡Ojalá!
el perro	der Hund	Javi está jugando con su perro.
el gato	die Katze	A Sara no le gustan más los gatos.

PASO 2

ponerse + *adj.* (me pongo)	werden	Alicia ve a Juan y se pone nerviosa.
nervioso/-a	nervös, aufgeregt	Luis es un chico un poco nervioso.
ponerse **a/c**	*hier:* sich etw. anziehen	A ver ... ¿qué me pongo? ¿Una blusa?
los vaqueros *pl.*	die Jeans	Juan se pone sus vaqueros azules.
la camiseta	das T-Shirt	

no tener (ni) idea	keine Ahnung haben	– ¿Qué hacemos ahora? – No tengo ni idea.
vamos a ver	*hier:* mal sehen	Vamos a ver ... ¿Qué películas hay?
la ropa	die Kleidung	

La ropa

el armario	der Schrank	La ropa está en el armario.
¿Qué te parece?	Wie findest du das?, Was meinst du?	
parecer (yo parezco)	scheinen; *hier:* finden, meinen	¿Qué te parece este vestido?
este	dieser, diese, dieses	

este/esta/estos/estas – dieser/diese/dieses **(hier)**
ese/esa/esos/esas – der/die/das **(da)**
aquel/lo/aquella/aquellos/aquellas – jene/r/-s **(dort)**

el vestido	das Kleid	María se pone un vestido rojo.
verde	grün	F vert/e
el color	die Farbe	Este color te va muy bien. E colour F la couleur
los pantalones *pl.*	die Hose	¡Estos pantalones son bonitos!
gris	grau	F gris/e
el corte	der Schnitt	El corte de tu vestido es muy bonito.
quedar	*hier:* sitzen, passen, stehen (*Kleidung)*	La blusa es bonita, pero no me queda bien.
ajustado/-a	eng	Estos pantalones me quedan ajustados.
la falda	der Rock	¿Prefieres los pantalones o las faldas?
blanco/-a	weiß	F blanc/blanche
la blusa	die Bluse	E blouse
ahí	da, dort	¿Por qué no te pones esa falda de ahí?
¿cuál/es?	welche/r/-s?	– Oye, ¿ves ese chico guapo? – ¿Cuál?
que	der, die, das *(Relativpronomen)*	¿Ves a ese chico que lleva un abrigo negro?
encima (de)	auf, über	María pone su ropa encima de la cama.
la cama	das Bett	Me voy a la cama.
¡vaya!	*hier:* wow!	¡Vaya, qué guapa estás!
lila	lila	Mira este abrigo lila. ¿Te gusta?
mirar(se)	(sich) betrachten/ansehen	María se mira en el espejo.
el espejo	der Spiegel	
no [...] ni [...]	weder [...] noch [...]	No me gustan los perros ni los gatos.
deportivo/-a ▶ el deporte	sportlich	Kike es un chico deportivo.
está bien	(er/sie/es) ist gut / in Ordnung	– ¿Qué te parece esta blusa? – Está bien.

el zapato	der Schuh	
rojo/-a	rot	F rouge
marrón	braun	Me gustan los zapatos marrones.
además	außerdem	La gorra es bonita y además va bien con el abrigo.
ir **bien**	*hier:* gut zusammenpassen	El vestido va bien con los zapatos grises.
¿Qué más?	Was noch?	¿Qué más falta?
faltar	fehlen	Me falta una gorra. ¿Tú sabes dónde está?
la chaqueta	die Jacke	E jacket
el abrigo	der Mantel	
negro/-a	schwarz	F noir/e
probarse (o → ue)	anprobieren	María se prueba un montón de ropa.
llevar	tragen *(Kleidung, Brille, Bart, etc.)*	Carla lleva gafas.
nuevo/-a	neu	Sara tiene un ordenador portátil nuevo. ≠ antiguo/-a F nouveau/nouvelle
estar **de moda**	in Mode sein	Esos zapatos ya no están de moda.
la moda	die Mode	
la talla	die Größe	¿Qué talla tienes? F la taille
perfecto *adv.*	perfekt	El vestido le queda perfecto a María.
amarillo/-a	gelb	
azul	blau	
rosa	rosa	⚠ el vestido rosa
naranja	orange	⚠ un jersey naranja
la tienda de ropa	das Kleidungsgeschäft	Juan trabaja en una tienda de ropa.

la tienda	das Geschäft	En la calle Princesa hay muchas tiendas.
el precio	der Preis	E price F le prix

PASO 3

la sonrisa ▶ reírse	das Lächeln	Alicia mira a Javi con una sonrisa. F sourire
el recreo	die Schulpause	En el recreo, Javi charla con Alicia.
¿Qué pasa?	Was ist los?, Was gibt's?	Hola chicos, ¿qué pasa?
alegre	fröhlich	Alicia parece estar alegre. ≠ triste
guiñar un ojo (a alg.)	jdm. zuzwinkern	Ella le guiña un ojo a él.
el ojo	das Auge	Alicia tiene los ojos verdes.
saber (yo sé)	wissen	– ¿Sabes algo de Juan? – Sí, está en casa. F savoir
tener **razón**	Recht haben	– Tienes que estudiar más. – Sí, tienes razón. F avoir raison
de verdad	wirklich	– Tengo una prima en China. – ¿De verdad?
la verdad	die Wahrheit	F la vérité
contento/-a	zufrieden, froh	De verdad estoy muy contento.
¿Y eso?	Wie kommt das?	– Estoy muy triste. – ¿Y eso?
el/la profe *fam.* **= profesor/a**	der/die Lehrer/in	Tenemos una profe nueva.
divertido/-a	lustig, amüsant	Él es muy divertido. ≠ serio/-a
reírse ▶ la sonrisa	lachen	Alicia y Javi se **ríen** mucho juntos. F rire
creo que	ich glaube, dass	Creo que Juan y María son novios.
alto/-a	groß	Juan es alto y delgado.
delgado/-a	dünn, schlank	La profesora nueva es muy delgada.

el pelo	das Haar	Marco tiene el pelo castaño.
rubio/-a	blond	María es rubia.
bajo/-a	*hier:* klein	Javi es más bajo que su hermana.
gordo/-a	dick	El padre de Sara es un poco gordo.
la barba	der Bart	El profesor lleva barba. **F** la barbe
castaño/-a	*hier:* braun	= marrón
las gafas *pl.*	die Brille	La profe lleva gafas.
inteligente	intelligent	Con sus gafas, Juan parece inteligente.
fenomenal	großartig, phänomenal	Javi es un chico fenomenal. = genial
serio/-a	ernst	Elena se ríe poco. Es bastante seria. ≠ divertido/-a
estricto/-a	streng	La nueva profe es bastante estricta. **E** strict **F** strict/e
joven ▶ el/la joven	jung	Mis amigos son todos bastante jóvenes.
pelirrojo/-a	rothaarig	Elena es pelirroja.
triste	traurig	Ana está triste porque Juan ya tiene novia. ≠ alegre **F** triste
el aspecto físico	das Aussehen	Para mí, el aspecto físico es importante.
el carácter	der Charakter	Juan tiene muy buen carácter.

PARA COMUNICARSE

❙ sagen, was dir gefällt oder nicht gefällt

A mí me gusta/n ___.
Me encanta/n ___.
No me gusta/n (nada) ___.

❙ über Kleidung und Farben sprechen

Hoy me pongo una camisa verde, pantalones negros y zapatos azules.

❙ Charakter und Aussehen von Personen beschreiben

Mi primo es un chico símpatico. Es tranquilo e inteligente. Es alto y delgado. Tiene el pelo castaño y los ojos verdes.

¡Vamos!

si	wenn, falls	Podemos ir al cine si quieres. F si
¡cuidado!	Vorsicht!	¡Cuidado! Aquí hay carteristas. = ¡Ojo!
la mochila	der Rucksack	Sara pone sus libros en su mochila.
el/la carterista	der/die Taschendieb/in	En Madrid hay muchos carteristas.
buscar	suchen	Carla está buscando piso.
encontrar (o → ue)	finden	No encuentro mi móvil. ¿Dónde está?
último/-a	letzte/r/-s; *hier:* neueste/r/-s	¿Tienes el último cedé de «Maná»?
en oferta	im Angebot	Esta semana los cedés están en oferta.
la oferta	das Angebot	Esa oferta no está mal. E offer F l'offre *f.*
el estadio	das Stadion	El domingo, Kike y Javi van al estadio.
¡Ojo! ▶ el ojo	Achtung!	¡Ojo! Hay carteristas en el metro. = ¡Cuidado!
caro/-a	teuer	Las entradas son muy caras.
el parque	der Park	Por la tarde Juan y María van al parque.
pasar	*hier:* (Zeit) verbringen	Juan y María pasan mucho tiempo juntos.
el lugar	der Ort	
perfecto/-a	perfekt	Mi piso es el lugar perfecto para descansar.
descansar	sich erholen, ausspannen	Juan quiere descansar del trabajo.
el/la artista	der/die Künstler/in	Penélope Cruz es una artista de cine. E artist F l'artiste *m./f.*
interesar ▶ interesante	interessieren	¿Te interesa el arte? F intéresser

el arte	die Kunst	Si te gusta el arte puedes ir al museo. **E/F** (l')art *(m.)*
el museo	das Museum	¿A qué hora abre el museo?
el cuadro	das Bild	En este museo hay más de 800 cuadros.
el/la pintor/a ▶ pintar	der/die Maler/in	Picasso es un pintor español famoso. **E** painter **F** le peintre
español/a	spanisch	Hay muchas ciudades españolas bonitas.
¡Vale la pena!	Es lohnt sich!	Vale la pena ir al Museo del Prado.
la postal	die Postkarte	Jesús escribe una postal a su madre.
el recuerdo	das Andenken	Juan se compra un recuerdo de Madrid.
claro que [...]	natürlich/klar [...]	Claro que conozco a María.
claro	natürlich, klar, sicher	– ¿Conoces a Juan? – Claro.
disfrutar (de)	genießen	María disfruta del verano en Madrid.
salir **(de noche)**	ausgehen	Los sábados María y Sara salen a bailar.
famoso/-a	berühmt	Almodóvar es muy famoso en España. **E** famous
alternativo/-a	alternativ	Malasaña es un barrio alternativo.
bajo/-a	niedrig	Aquí los precios son muy bajos. ≠ alto/-a **F** bas/se
antes de + ***Infinitiv***	vor, bevor	Antes de salir, toman algo en casa. ≠ después de

PASO 1

el piso compartido	die WG (Wohngemeinschaft)	Carmen vive en un piso compartido.
marcar	wählen *(Telefon)*	María marca el número de Sara.
el número	*hier:* die Telefonnummer	**F** le numéro de téléphone
¡Dígame! ▶ decir	*hier:* Hallo? *(am Telefon)*	

¿De parte de quién?	*hier:* Wer ist dran?, Wer spricht da?	– Hola. ¿Está Sara? – Sí, ¿de parte de quién?
ponerse **(al teléfono)**	ans Telefon gehen	Sara se pone al teléfono.
llamar (por teléfono)	anrufen, telefonieren	María llama a Sara por teléfono.
por	für, wegen	Llamo por el piso. ¿Está libre todavía?
libre	frei	Hoy Juan tiene el día libre. F libre
el plano	der Stadtplan	¿Ves la calle Mayor en el plano?

me – mich	**nos** – uns	
te – dich	**os** – euch	¿Vas a llamar a Laura y a Ana?
lo/la – ihn/sie/es	**los/las** – sie	→ ¿Las vas a llamar?

conocer (yo conozco)	kennen, kennen lernen	Oye, ¿tú conoces a Juan? F connaître
apuntar	aufschreiben, notieren	– ¿Te apunto mi número? – Sí, por favor.
listo/-a	fertig; *hier:* bereit	– ¿Vamos? – No, todavía no estoy listo.
la línea	die Linie	Tienes que tomar la línea nueve.
en dirección a	in Richtung	Tomas el metro en dirección a Moncloa.
la dirección	die Richtung, Adresse	¿En qué dirección tenemos que ir? E/F (la) direction
bajarse	*hier:* aussteigen	¿Dónde me tengo que bajar?
la iglesia	die Kirche	Los domingos voy a la iglesia. F l'église *f.*
(todo) recto	(immer) geradeaus	Tienes que ir todo recto.
girar	abbiegen	En la esquina tienes que girar a la derecha.
tercero/-a ▶ tres	dritte	Jesús es el tercer hijo de sus padres.

Los números ordinales **Die Ordnungszahlen**

primero/-a – erste/r/-s	sexto/-a – sechste/r/-s
segundo/-a – zweite/r/-s	séptimo/-a – siebte/r/-s
tercero/-a – dritte/r/-s	octavo/-a – achte/r/-s
cuarto/-a – vierte/r/-s	noveno/-a – neunte/r/-s
quinto/-a – fünfte/r/-s	décimo/-a – zehnte/r/-s

⚠ Vivo en el **primer/tercer** piso.

a la derecha (de)	rechts (von)	Mi casa está a la derecha del cine.
el supermercado	der Supermarkt	Carlos tiene que ir al supermercado.
seguir (e → i) (yo sigo) ▶ siguiente	*hier:* weitergehen	Tienes que seguir todo recto hasta el semáforo.
el semáforo	die Ampel	Hay un semáforo en mi calle.
a la izquierda (de)	links (von)	≠ a la derecha (de)
cruzar	überqueren, kreuzen	Tenemos que cruzar la calle. **E** to cross
enfrente (de)	gegenüber (von)	La estación está enfrente del museo.
al lado de	neben	Su casa está al lado del supermercado.
la panadería	die Bäckerei	¿Pasamos por la panadería?
repetir (e → i)	wiederholen	¿Lo puedes repetir, por favor? **E** to repeat **F** répéter
exacto *adv.*	genau	**E** exactly; **F** exactement
la planta	das Stockwerk	Marco vive en la tercera planta.
la puerta	die Tür	¿Puedes cerrar la puerta, por favor?
a lo mejor	vielleicht	= tal vez
venga *fam.*	los; *hier:* okay	– Te veo a las ocho. – Venga, hasta luego.
la centralita	die Telefonzentrale	

PASO 2

delante (de)	vor	Kike y Marta quedan delante del cine. ≠ detrás (de) **F** devant
el anuncio	die Anzeige	Carla lee los anuncios porque busca piso.
tocar	klingeln, klopfen	Pedro toca el timbre y sube.
el timbre	die Klingel	
subir	hochgehen	Ana entra en la casa y sube al cuarto piso.
mostrar (o → ue)	zeigen	El chico le muestra el piso. **F** montrer
¡vaya + ***sustantivo!***	Was für ein/-e [...]!	¡Vaya fiesta! = ¡Qué + *sustantivo*!
más + ***adj.*** **+ que**	*Komparativ* (mehr [...] als)	El vestido es más caro que la falda.
claro/-a	hell	La habitación es muy clara, porque tiene dos ventanas.
la ventana	das Fenster	¿Puedes abrir la ventana, por favor?
para mí / para ti	für mich / für dich	Para mí el dinero no es tan importante.
la luz	das Licht	En mi habitación entra mucha luz.
menos + ***adj.*** **+ que**	*Komparativ* (weniger [...] als)	La falda es menos cara que el vestido.
lo único	das Einzige	Lo único que no me gusta es el corte.
lo	das *(neutraler Artikel)*	**Lo bueno** de Andalucía es que hace sol.
que	*hier:* dass	¿Ya sabes que Elena va a ir a México?
tan + ***adj.*** **+ como**	so [...] wie	Esta blusa es tan cara como esa de ahí.
barato/-a	billig	Ana busca un piso bonito y barato. ≠ caro/-a
detrás (de)	hinter	El gato está detrás de la lavadora. ≠ delante (de)
el lavaplatos	der Geschirrspüler	

el lujo	der Luxus	Tienes un lavaplatos, ¡qué lujo!
la lavadora	die Waschmaschine	
el baño	das Badezimmer	
mejor (que)	besser (als)	El Barca es mejor que el Real Madrid. **F** meilleur/e
con mucho gusto ▶ gustar	sehr gerne	– ¿Quieres zumo? – Con mucho gusto.
peor (que)	schlechter (als)	Mi ordenador es peor que el de Sara.
debajo (de) ▶ bajo/-a ▶ bajarse	unter	El perro está debajo de la cama. ≠ encima (de)
entre	zwischen	Mi casa está entre el cine y el cole. **F** entre
ideal	ideal	Para Juan, María es la chica ideal.

PASO 3

tocar	*hier:* an der Reihe sein	Hoy le toca a Carlos ir al supermercado.
hay que + *Infinitiv*	man muss	Hay que estudiar para sacar buenas notas.
poner **bote**	*Geld in die gemeinsame Haushaltskasse zahlen*	Los compañeros de piso ponen bote.
la lista de la compra	die Einkaufsliste	¿Dónde está la lista de la compra?
la lista	die Liste	
la barra de pan	die Stange Brot	Carlos compra una barra de pan.
el pan	das Brot	**F** le pain
el litro	der Liter	Ana compra un litro de leche. **F** le litre
el medio kilo (de)	das halbe Kilo [...]	Medio kilo de manzanas, por favor.
medio/-a	halb	¡Nos vemos en una media hora!
el tomate	die Tomate	En Cataluña se come pan con tomate.

el plátano	die Banane	Los plátanos son de América Latina.
la manzana	der Apfel	¿Prefieres las manzanas verdes o rojas?
el gramo	das Gramm	200 gramos de chorizo, por favor.
el jamón serrano	der Serrano-Schinken	No me gusta mucho el jamón serrano.
el chorizo	die Paprikawurst	Prefiero el chorizo.
la lata	die Dose	Carlos compra una lata de atún.
el atún	der Thunfisch	E tuna
el paquete	das Paket	Compra tres paquetes de mantequilla.
la mantequilla	die Butter	
la botella	die Flasche	Carlos compra diez botellas de agua mineral. E bottle
el agua mineral *f.*	das Mineralwasser	
el agua *f.*	das Wasser	En verano hay poca agua en España.
el maíz	der Mais	En América Latina se come mucho maíz.
el papel higiénico	das Toilettenpapier	F le papier hygiénique
el aceite de oliva	das Olivenöl	El aceite de oliva de España es muy rica.
el aceite	das Öl	Necesito aceite para cocinar.
el queso manchego	der Manchego-Käse	
el/la más + *adj.*	der/die/das + *Superlativ*	Juan es el chico más guapo en la fiesta.
el/la mejor	der/die/das Beste *(Superlativ)*	¡El queso manchego es el mejor!
tanto/-a	so viel/e	Javi no tiene tantos amigos como Juan.
el folleto	der (Werbe-) Prospekt	En las tiendas hay folletos con ofertas.
carísimo ▶ caro	sehr teuer	¡Estos zapatos son carísimos!
adj. **+ ísimo**	sehr + *Adj.*	¡Esa chica es guapísima!
el kilo	das Kilo	¿Me pone un kilo de tomates, por favor?

costar (o → ue)	kosten	¿Cuánto cuesta un kilo de manzanas? E to cost F coûter
el euro	der Euro	
el mercado ▶ el supermercado	der Markt	A veces las cosas son más baratas en el mercado.
¿A cuánto están [...]?	Wie viel kosten [...]?	¿A cuánto están los tomates?
un euro con cincuenta	ein Euro fünfzig *(Preis)*	El kilo está a dos euros con cincuenta.
el céntimo	der Cent	– ¿Me puedes dar 50 centimos? – Claro.
el/la peor	der/die/das schlechteste *(Superlativ)*	Éste es el peor momento de mi vida.

PARA COMUNICARSE

telefonieren
¡Dígame!/¿Sí?
¿Está ___?
¿De parte de quién?
De ___.
Ahora se pone.

eine Wohnung / ein Zimmer beschreiben
Mi casa/piso tiene tres habitaciones, una cocina y un baño.
En mi habitación hay una cama, un escritorio y un ordenador.

den Weg beschreiben
Coges / Tomas la calle ___.
Vas / Sigues todo recto hasta ___.
Giras en / Coges / Tomas la primera/segunda calle a la derecha/izquierda.
Ahí está/hay ___.

eine Einkaufsliste erstellen
- 1 barra de pan
- 2 litros de leche
- 1½ kilo de tomates
- 250 gramos de chorizo
- 6 botellas de agua mineral
- 1 paquete de mantequilla

den Preis angeben
¿Cuánto cuesta? /
¿A cuánto está/n ___?
___ euros con ___ céntimos. / Está/n a ___.

etwas vergleichen
Mi habitación es más grande que la habitación de mi hermano.
Mi ordenador es tan moderno como el ordenador de Jorge.
Mi barrio es menos ruidoso que el barrio de mi amiga.

¡Vamos!

bienvenido/-a ▶ bien ▶ venir	Willkommen!	¡Bienvenidos, chicos! F bienvenu/e
hace + *Zeitangabe* ▶ hacer	vor	Hace un mes Jesús visitó a su familia.
el hombre	der Mann; *hier:* der Mensch	En 1969, el primer hombre llegó a la luna. F l'homme *m.*
el territorio	das Territorium, Gebiet	E territory F le territoire
mexicano/-a	mexikanisch	¿Te gusta la comida mexicana?
el/la maya	der/die Maya	Los mayas viven en México y en Guatemala.
dominar	dominieren	Los aztecas dominaron un territorio grande. E to dominate F dominer
la península	die Halbinsel	España es una península.
el alrededor	die Umgebung	Alrededor de Ciudad de México hay volcanes.
el/la azteca	der Azteke / die Aztekin	
fundar	gründen	Pablo quiere fundar una empresa. E to found F fonder
la capital	die Hauptstadt	Madrid es la capital de España. E capital F la capitale
el imperio	das Imperium, Reich	Los aztecas fundaron un imperio. E/F (le) empire
en [...]	*hier:* im Jahr [...]	Frida Kahlo nació en 1907 en Coyoacán.
el/la español/a	der/die Spanier/in	Los españoles llegaron a México en 1517.
la tropa	die Truppe	E troup F la troupe

conquistar	erobern	Los españoles conquistaron México. **E** to conquer **F** conquérir
independizarse (de)	sich unabhängig machen, Unabhängigkeit erlangen	México se independizó de España.
nacer	geboren werden; entstehen	– ¿En qué año naciste? – En 1993.
la Revolución Mexicana	die Mexikanische Revolution	La Revolución Mexicana empezó en 1910.
la revolución	die Revolution	**E** revolution **F** la révolution
luchar (por)	kämpfen (für)	Mucha gente lucha por una vida mejor.
el derecho	das Recht	¿Conoces tus derechos?
el/la pobre	der/die Arme	**F** le/la pauvre
fue *(indefinido 3. Pers. Sg. von* ser *und* ir*)*	war	Frida Kahlo fue una buena pintora.
trágico/-a	tragisch	La vida de Frida Kahlo fue trágica.
hubo *(indefinido 3. Pers. Sg. von* haber*)*	es gab	En el terremoto de 1985 hubo muchos muertos.
el terremoto	das Erdbeben	En México hay muchos terremotos.
el/la muerto/-a	der/die Tote	**F** le/la mort/e
firmar	unterschreiben	Hay que firmar las cartas.
desde hace	seit *(Zeitraum)*	Sara vive en España desde hace un año.
la zona de libre comercio	die Freihandelszone	
el comercio	der Handel	**E/F** (le) commerce
Estados Unidos = EE.UU.	die USA	**E** United States **F** les États-Unis
Canadá	Kanada	
perder	verlieren	El Real Madrid perdió contra el Barça. ≠ ganar **F** perdre

las elecciones	die Wahlen	En muchos países no hay elecciones libres. **E** elections; **F** l'élection *f.*
por primera vez	zum ersten Mal	No conozco a esa chica. La veo por primera vez.
la vez *(pl.:* **las veces***)*	das Mal	La última vez que Alicia vio a Juan fue hace un mes.
desde	seit *(Zeitpunkt)*	Jesús vive en España desde el año 2009.
gobernar	regieren	¿Quién está gobernando México ahora?
más de	mehr als	Jesús tiene más de 500 libros.
el jardín	der Garten	Mucha gente quiere tener un jardín. **F** le jardin

PASO 1

las vacaciones *pl.*	die Ferien	En las vacaciones, Laura viaja mucho. **F** les vacances *f.pl.*
ayer	gestern	Ayer me acosté tarde. ≠ mañana **F** hier
favorito/-a	Lieblings-, liebste/r/-s	Mi comida favorita es chili con carne. **E** favourite
recibir	empfangen	Ayer Juan recibió una carta de Alicia. **E** to receive **F** recevoir
¡Qué jaleo!	Was für ein Durcheinander!	Ayer me visitaron mis primos. ¡Qué jaleo!
el viaje ▶ viajar	die Reise; *hier:* die Fahrt	El viaje de España a México es caro.
el pollo	das Hühnchen(fleisch)	En América Latina se come mucho pollo.
el mole	mexikanische Sauce mit Schokolade	Pollo con mole es un plato mexicano.
el nopal	der Feigenkaktus	
haber	geben	Ayer hubo tacos con pollo para cenar.
el taco	der Taco *(gefüllte Maistortilla)*	

el pescado	der Fisch	Los viernes, Pedro come pescado.
pasado/-a ▶ pasar	vergangene/n/-s, letzte/n/-s	La semana pasada fuimos a Madrid. ≠ próximo/-a; siguiente
visitar	besuchen	Jaime quiere visitar a sus amigos. **E** to visit **F** visiter
ex	Ex-	Alicia es la ex novia de Juan.
reconocer (yo reconozco) ▶ conocer	wiedererkennen; anerkennen	El perro de Ana siempre reconoce a Laura. **E** to recognize **F** reconnaître
sobre	über	¿Sabes algo sobre México?
el agua fresca *f.*	*mexikanisches Erfrischungsgetränk*	¿Tomamos un agua fresca en el bar?
la iguana	der Leguan	En México puedes ver iguanas.
pasarlo bien	Spaß haben	¡Lo pasamos muy bien en la fiesta!
súper *(fam.)*	super	Miguel está supercontento de estar en México.
contar (o → ue)	erzählen, zählen	¿Me cuentas algo de tu viaje a México? **F** conter
el/la vecino/-a	der/die Nachbar/in	Es una suerte tener vecinos simpáticos. **F** le/la voisin/e
muerto/-a	tot	**F** mort/e
destruido/-a	zerstört	Hubo muchas casas destruidas. **E** destroyed **F** détruit/e
¡Qué horror!	Wie schrecklich/furchtbar!	Hubo un terremoto, ¡qué horror!
la fiesta de espuma	die Schaumparty	El viernes fui a una fiesta de espuma.
la espuma	der Schaum	
viejo/-a	alt	Mi abuelo ya está viejo: tiene 90 años. = antiguo/-a ≠ joven **F** vieux/vieille

la madrugada	das Morgengrauen	Bailamos hasta la madrugada.
¡Lo pasamos bomba!	Wir hatten so viel Spaß!	= ¡Lo pasamos súper bien!
el sofá	das Sofa	Siempre como en el sofá frente a la tele.
frente (a) ▶ enfrente (de)	vor	Paso mucho tiempo frente al ordenador. = delante (de) ≠ detrás (de) **E** in front of

PASO 2

cuando	als, (immer) wenn	Cuando Ana volvió a casa se acostó. **F** quand
el blog	der Blog	Miguel escribe un blog en internet.
el/la chamaco/-a *(mex.)*	der Junge / das Mädchen	= el/la chico/-a
el/la pariente	der/die Verwandte, Angehörige	María visita a sus parientes en Yucatán.
chilango/-a *(mex.)*	aus Mexiko-Stadt	Miguel es chilango.
el canal	der Kanal	Fuimos en barco por el canal.
donde	wo	Conozco un bar donde hay buena música.
navegar	fahren	**E** to navigate
el barco	das Boot	En el canal navegan muchos barcos.
de muchos colores	bunt	A mí me gusta la ropa de muchos colores.
llamarse	heißen	– ¿Cómo te llamas? – Eva, ¿y tú?
la trajinera	trajinera *(kleines Boot)*	Las trajineras son barcos pequeños.
vender	verkaufen	En la calle hay gente que vende tortillas. ≠ comprar **F** vendre
la tortilla	die Tortilla *(in Mexiko: Fladen aus Mais- oder Weizenmehl)*	
el mariachi	der Mariachi *(Musiker)*	Los mariachis tocan la guitarra.

turístico/-a	touristisch	Cancún es un lugar bastante turístico.
sin embargo	trotzdem	El tenis es agotador. Sin embargo me gusta.
el volcán	der Vulkan	El Popocatépetl es un volcán famoso. **E** volcano **F** le volcan
e	*Anstatt* y *vor Wörtern, die mit* i *oder* hi *beginnen.*	Pedro quiere hacer rafting e ir a Yucatán.
chido *(mex.)*	super, cool	– Voy a ir a Costa Rica. – ¡Qué chido! = genial
arriba	oben	Los chicos subieron el volcán hasta arriba.
el cráter	der Krater	Los volcanes tienen un cráter.
dormir(se) (o → ue)	(ein-)schlafen	Alicia siempre ve la tele para dormirse. **F** dormir
en seguida	sofort	– Ana, ¿vienes? – ¡Sí, voy en seguida!
agotador/a	anstrengend	Hacer mucho deporte es agotador.
el rafting	das Rafting	¡Me encanta el rafting!
el río	der Fluss	Los chicos van al río para hacer rafting.
el guía	der Führer	**E/F** (le/la) guide
las instrucciones *pl.*	die Anleitung	Un guía da instrucciones y ayuda.
subir a una balsa	in ein Schlauchboot einsteigen	Vamos, ¡subimos a la balsa!
la balsa	das Floß, *hier:* das Schlauchboot	
aunque	obwohl	Aunque tuve miedo, hice rafting ayer.
tener miedo (a)	Angst haben	Carlos tiene miedo a los perros.
el miedo	die Angst	Los perros me dan miedo.
la situación	die Situation	No me gusta esta situación.
bajar ▶ debajo	hinunterfahren/-gehen	Los chicos bajan el río en balsa. ≠ subir

la cascada	der Wasserfall	La cascada más alta está en Venezuela.
alto/-a	hoch	¡Ese volcán es muy alto! ≠ bajo/-a
¡Qué aventura!	Was für ein Abenteuer!	Hice un viaje a México. ¡Qué aventura!
la aventura	das Abenteuer	Hacer rafting es una aventura. **E** adventure **F** l'aventure *f.*
P.D.	P.S.	

PASO 3

el [...] de [...] de [...]	am/der *[Tag. Monat. Jahr] (Datum)*	Volví de México el 21 de julio de 2010.
el/la alemán/-ana	der/die Deutsche	Eva es alemana, pero vive en México. **F** l'Allemand/e
el/la mexicano/-a	der/die Mexikaner/in	Miguel y su familia son mexicanos.
a los [...] años	im Alter von [...] Jahren	Eva llegó a México a los seis años.
la poliomielitis	die Polio, Kinderlähmung	
quedar	sein, bleiben, werden	Eva quedó minusválida por un accidente.
la pierna	das Bein	
sufrir	(er-)leiden	Eva sufrió un accidente de coche. **E** to suffer **F** souffrir
el accidente	der Unfall	**E/F** (l')accident *m.*
minusválido/-a	körperbehindert	
como	da, weil	Como Eva es alemana, habla alemán. = ya que **F** comme
feliz	glücklich	María le hace feliz a Juan. ≠ triste
regalar	schenken	Le voy a regalar un cedé a mi prima.

la pintura ▶ pintar	die Farbe, Malerei	Kike compra pintura para pintar la casa.
el pincel	der Pinsel	Si quieres pintar necesitas un pincel.
así	so	Siempre llevo una gorra. Me gusta así.
el autorretrato	das Selbstportrait	Un autorretrato es un cuadro que muestra al pintor.
llevar	*hier:* (in sich) tragen, übermitteln	Este libro lleva un mensaje importante.
el mensaje	die Botschaft	Alicia le manda un mensaje a Juan. **E/F** (le) message
el dolor	der Schmerz	Yo no aguanto mucho el dolor. **F** la douleur
enamorarse (de)	sich verlieben (in)	Adrián vio a Eva y se enamoró de ella.
casarse (con alg.)	(jdn.) heiraten	Mis padres se casaron a los veinte años.
nunca	nie	Mis abuelos nunca se casaron. ≠ siempre
divorciarse	sich scheiden lassen	Los padres de Sara se divorciaron. **E** to get divorced **F** divorcer
ya que	da, weil	= como
la relación	die Beziehung, das Verhältnis	Alicia tuvo una relación con Sergio. **E** relationship **F** la relation
la exposición	die Ausstellung	En Madrid hay muchas exposiciones. **E/F** (l')exposition *f.*
Nueva York	New York	Nueva York es una ciudad muy grande.
París	Paris	París es la ciudad del amor.
exponer (yo expongo)	ausstellen	Sara expone sus cuadros en el insti.
morir (o → ue) ▶ (el/la) muerto/-a ▶ muerto/-a	sterben	Pablo Picasso murió en 1973. ≠ nacer **F** mourir

el amor	die Liebe	Su novio es el amor de su vida. **F** l'amour *m.*
un día	eines Tages	¡Un día, te voy a visitar en México!
el mural	das Wandgemälde	México es famoso por sus murales.
actuar	(schau-) spielen	Penélope Cruz actúa muy bien. **E** to act
Londres	London	En Londres se habla inglés.

PARA COMUNICARSE

I über Vergangenes reden
(pretérito indefinido) Ayer fui al cine.

I Jahreszahlen angeben
En (el año) 1998 hice un viaje a México.

I eine Biographie verfassen
Frida Kahlo nació el 6 de julio de 1907 en Ciudad de México. A los 18 años tuvo un accidente de autobús y quedó minusválida. A los 20 años se casó con Diego Rivera. Expuso sus cuadros en Nueva York, París y Ciudad de México. Murió el 13 de julio de 1954.

UNIDAD 7 ¿A QUÉ TE QUIERES DEDICAR?

¡Vamos!

dedicarse (a)	sich (beruflich) beschäftigen (mit)	– ¿A qué te dedicas? – Soy ingeniera.
el/la ingeniero/-a	der/die Ingenieur/in	Los ingenieros ganan bien.
matemáticas	Mathematik	Tengo problemas en matemáticas.
física y química	Physik und Chemie	Soy bueno en física y química.

tener **una asignatura pendiente**	ein Fach noch bestehen müssen	Tengo pendientes matemáticas e inglés.
la asignatura	das Schulfach	¿Cuántas asignaturas tienes?
me gustaría	ich würde gerne	Me gustaría vivir en Nueva York.
significar	bedeuten	¿Qué significa esta palabra? **F** signifier
sacar una buena/mala nota	eine gute/schlechte Note bekommen	Para sacar buenas notas hay que estudiar.
la nota	die Note	¿Qué nota sacaste en inglés? **F** la note
creativo/-a	kreativ	¿Eres una persona creativa? **E** creative **F** créatif/-ve
el/la fotógrafo/-a	der/die Fotograf/in	Mi tía es fotógrafa.
el/la diseñador/a de páginas web	der/die Webdesigner/in	Me gustaría ser diseñador de páginas web.
estar **seguro/-a**	sicher sein	– ¿Hay metro a esta hora? – Sí, estoy segura.
seguro/-a	sicher	¡Cuidado! Esta región no es segura.
el/la mecánico/-a	der/die Mechaniker/in	Un mecánico se ensucia mucho las manos.
la mano	die Hand	**F** la main
ensuciar(se)	(sich) schmutzig machen	No me importa si me ensucio en el trabajo.
el contacto	der Kontakt	Juan ya no quiere tener contacto con Ana.
el/la músico/-a	der/die Musiker/in	¿De verdad, eres músico? ¡Qué chido!
difícil	schwierig	La situación es muy difícil para Ana. **E** difficult **F** difficile
el sueño	der Traum	El sueño de Kike es ser futbolista.
formal	formell, förmlich	Elena se pone ropa formal para el trabajo. **E** formal **F** formel/le

lo que	(das) was	Lo que te quiero decir es que me gustas mucho.
el/la informático/-a ▶ la informática	der/die Informatiker/in	Un informático trabaja con ordenadores.
el futuro	die Zukunft	En el futuro voy a estudiar más. **E/F** (le) future
la hora extra	die Überstunde	Elena hace muchas horas extra.
el/la azafato/-a	der/die Flugbegleiter/in	Los azafatos viajan mucho al extranjero.
el extranjero	das Ausland	**F** l'étranger *m.*
la profesión	der Beruf	¿Cuál es tu profesión? – Soy médica. **E/F** (la) profession
<u>el</u> idioma	die Sprache	Javi habla dos idiomas: español e inglés.
el/la veterinario/-a	der/die Tierarzt/-ärztin	**E** veterinarian **F** le/la vétérinaire
el/la médico/-a	der/die Arzt/Ärztin	**F** le/la médecin
el/la futbolista ▶ el fútbol	der/die Fußballspieler/in	Fernando Torres es un futbolista famoso.
el/la piloto	der/die Pilot/in	**E** pilot **F** le/la pilote
el/la actor/actriz ▶ actuar	der/die Schauspieler/in	Paz Vega es una actriz española. **E** actor/actress **F** l'acteur/l'actrice
el/la arquitecto/-a	der/die Architekt/in	José quiere ser arquitecto.
el/la cantante ▶ cantar	der/die Sänger/in	– ¿Cómo se llama la cantante de Chambao? – Es María del Mar.
el/la peluquero/-a	der/die Friseur/in	¿Conoces a un buen peluquero?
la mitad	die Hälfte	La mitad de dos es uno.
la mayoría	die Mehrheit	La mayoría de los médicos gana bien. **E** majority **F** la majorité

PASO 1

profesional	Berufs-, beruflich	A Elena le encanta la vida profesional. **E** professional **F** professionnel/le
ESO (Educación Secundaria Obligatoria)	die Mittelstufe	

algún/alguno, alguna – (irgend)ein/er, (irgend)eine
algunos, algunas – einige
ningún/ninguno, ninguna – kein (einziger), keine (einzige)

la formación profesional	die Berufsausbildung	¿Vas a hacer una formación profesional? **F** la formation professionnelle
Comercio Internacional	internationaler Handel	
internacional	international	Trabajo en una empresa internacional.
el problema es que	das Problem ist, dass	El problema es que tú no me escuchas.
saber (yo sé)	*hier:* können	¿Sabes nadar? **F** savoir
¿Qué tal + ***sust.*****?**	Wie war/ist/geht es [...]?	¿Qué tal el examen? – Difícil.
sacar un [...]	eine [Note] bekommen	¡Saqué un 9 en matemáticas, qué genial!
explicar	erklären	¿Me explicas este ejercicio, por favor? **E** to explain **F** expliquer
la culpa	die Schuld	¡No fue mi culpa!
no [...] nada	nichts [...]	Juan no quiere saber nada de Alicia.
ayudar	helfen	¿Me puedes ayudar con los deberes? **F** aider
en serio ▶ serio/-a	wirklich / im Ernst	¿Quieres casarte conmigo? ¿En serio? **E** seriously

conmigo	mit mir	¿Quieres ir al cine conmigo?
contigo	mit dir	Me gusta estar contigo.
el/la cocinero/-a ▶ cocinar ▶ la cocina	der Koch / die Köchin	¿Te gusta ver a los cocineros en la tele? **E** to cook
invitar (a alg.) (a hacer a/c)	(jdn.) (zu etw.) einladen	Adrián invita a Eva a comer. **E** to invite **F** inviter
no [...] nadie	niemand [...]	Eva no le dice a nadie que Adrián la invitó.
nadie	niemand	A veces pienso que nadie me conoce.
Farmacia	Pharmazie *(Studienfach)*	**E** pharmacy **F** la pharmacie
no [...] nunca	nie [...]	No escucho nunca música clásica.
el boletín	das Zeugnis	¿Cuándo recibimos los boletines?
geografía e historia	Erdkunde und Geschichte	**E** geography, history **F** la géographie, l'histoire *f.*
el grado superior	*hier:* die höhere Berufsausbildung	
el grado medio	*hier:* die mittlere Berufsausbildung	
Educación Primaria Obligatoria	die Grundschulbildung	
practicar	üben	Ahora estás practicando español. **E** to practise **F** pratiquer

PASO 2

presentar ▶ la presentación	(etwas/jdn.) präsentieren/ vorstellen	Javi presenta María a sus padres. **E** to present **F** présenter
el programa (de radio)	die (Radio-) Sendung	En este programa ponen buena música. **E/F** (le) programme

la visita ▶ visitar	der Besuch	Eva tiene visita de Alemania.
Alemania ▶ (el/la) alemán/-ana	Deutschland	Tú estudias en Alemania. **F** l'Allemagne *f.*
el país	das Land	México es un país bonito. **F** le pays
gracias por	danke für	¡Gracias por venir!
la invitación ▶ invitar (a alg.) (a hacer a/c)	die Einladung	Te mando una invitación para mi fiesta. **E/F** (la) invitation
la mujer	die Frau	Te presento a mi mujer: Rosa. ≠ el hombre
perdonar	verzeihen	Perdona, ¿sabes qué hora es? **F** pardonner
durar	dauern	Un viaje a México dura muchas horas. **F** durer
uno	man	Para vivir, uno tiene que trabajar. **E** one
se + *3. Person Sg. oder Pl.*	man	Para hacer rafting se necesita una balsa.
combinar	kombinieren	¡No puedes combinar esta falda con esa blusa! **E** to combine **F** combiner
a la semana	pro / in der Woche	Yo hago deporte una vez a la semana.

al día – pro/am Tag   a la semana – pro / in der Woche   al mes – pro/im Monat   al año – pro/im Jahr

el centro de formación profesional	das Ausbildungszentrum	
el sistema	das System	**E** system **F** le système
acostumbrarse (a)	sich gewöhnen (an)	Eva ya se acostumbró a la vida en México.
poco a poco	nach und nach	Aprendemos español poco a poco. **F** peu à peu
pagar	bezahlen	Elena paga su café y sale del bar.

el contrato	der Vertrag	Usted tiene que firmar el contrato aquí. **E** contract **F** le contrat
mismo/-a	gleiche/r/-s, selbe/r/-s	A Ana y a Eva les gusta la misma música. **F** même
Europa	Europa	Alemania y España están en Europa.
la diferencia	der Unterschied	Hay muchas diferencias entre tú y yo. **E** difference **F** la différence
pasado mañana	übermorgen	¿Qué vas a hacer pasado mañana?
¡Pasadlo bien!	Macht's gut!, Viel Spaß!	– Ahora salimos. – ¡Pasadlo bien!
subir el volumen	lauter machen	¡Vaya música! ¿Puedes subir el volumen? ≠ bajar el volumen
la canción ▶ cantar ▶ el/la cantante	das Lied	¡Me encanta esta canción! **F** la chanson
aprobar **(una asignatura / un examen)** (o → ue)	(ein Fach / eine Prüfung) bestehen	¿Y qué tal el examen, aprobaste?

PASO 3

el/la agente de viajes	der/die Reiseverkehrskauf-mann/-frau *(Beruf)*	¿Te gustaría ser agente de viajes?
el/la técnico/-a superior en agencia de viajes	der/die Reiseverkehrskauf-mann/-frau *(Titel)*	
la agencia de viajes	das Reisebüro	Dolores trabaja en una agencia de viajes.
durante ▶ durar	während	Durante la cena, vimos la tele. **E** during
en realidad	eigentlich, in Wahrheit	En realidad, no me gustan los perros.
la realidad	die Wirklichkeit, Realität	**E** reality **F** la réalité

el/la empleado/-a	der/die Angestellte	E employee F l'employé/e
el mal humor	die schlechte Laune	Hoy Elena está de mal humor. ≠ buen humor

⚠ Pablo es un chico bueno/malo. = Pablo es un buen/mal chico.

⚠ México es un país grande. → „physisch" groß

darse **cuenta (de a/c)**	bemerken	Juan no se da cuenta de que él le gusta a Elena.
en el fondo	im Grunde, eigentlich	Y en el fondo Elena le gusta a Juan.
el/la colega	der/die Kollege/-in	Mis colegas son muy simpáticos.
anónimo/-a	anonym	En Madrid el ambiente es bastante anónimo.
irse	weggehen	Ya son las siete; tengo que irme. ≠ llegar
el sol	die Sonne	En verano hace mucho sol en España.
típico/-a	typisch	Los tacos son un plato típico de México.
todo/-a	alle/-s	Me llevo bien con todos mis colegas. ≠ ninguno/-a
la tarea	die Aufgabe	En su trabajo José tiene muchas tareas.
la ventaja	der Vorteil	Hablar idiomas es una gran ventaja. E advantage F l'avantage *m.*
planificar ▶ el plan	planen	Javi tiene que planificar su futuro. F planifier
Bolivia	Bolivien	Bolivia es un país de América Latina.
la pareja	das Paar, der/die Partnerin	Juan y María son una pareja.
el carnaval	der Karneval	El carnaval de Oruro es muy famoso.
el vuelo	der Flug	El vuelo de México a España es caro. F le vol

en vez de	anstatt	En América Latina se dice «ustedes» en vez de «vosotros».
el estrés	der Stress	Elena tiene mucho estrés en el trabajo.
cambiar (por)	tauschen (gegen)	Lisa quiere cambiar su trabajo por otro.
la playa	der Strand	A Javi le gusta estar en la playa. **F** la plage
cultural	kulturell	España tiene muchas fiestas culturales. **E** cultural; **F** culturel/le
la tradición	die Tradition	**E/F** (la) tradition
esperar	(er-) warten	Te voy a esperar en la estación.

PARA COMUNICARSE

Wünsche äußern
Me gustaría ser ___.
Quiero ___.
Lo que quiero es ___.

über den Beruf sprechen
Voy tres veces a la semana a la empresa.
Trabajo en una agencia de viajes/___.
Para mí, es el trabajo ideal.
Hago muchas horas extra.

über Schule sprechen, Pläne machen
Soy bueno en matemáticas/___, pero no en inglés/___.
Tengo una asignatura pendiente.
En el último examen/boletín tuve un 5/___ en francés/___.
Voy a hacer una formación profesional / el bachillerato.
Quiero estudiar Farmacia/___.

jemanden zu etwas auffordern
Dame ese libro, por favor.
¡Levántate! Ya son las diez.

¡Vamos!

la lengua	die Sprache	El francés es una lengua muy bonita. = el idioma **E** language **F** la langue
el gallego	Galicisch *(Sprache)*	En Orense se habla gallego y español.
el catalán	Katalanisch *(Sprache)*	Casi 8 millones de personas hablan catalán.
el vasco	Baskisch *(Sprache)*	– ¿De verdad, hablas vasco? – Sí, un poco.
el siglo	das Jahrhundert	Este cuadro es del siglo XVI. **F** le siècle
el/la griego/-a	der/die Grieche/-in	
el/la musulmán/-ana	der/die Muslim/a	
el/la vikingo/-a	der/die Wikinger/in	
el personaje ▶ la persona	die Figur	¿Qué personajes de la literatura conoces? **F** le personnage
crear ▶ creativo/-a	erschaffen, erfinden	¿Quién creó el personaje de Asterix? **E** to create **F** créer
el/la escritor/a ▶ escribir	der/die Schriftsteller/in	Cervantes fue un famoso escritor español.
la especialidad	die Spezialität	El mole es una especialidad mexicana.
conocido/-a ▶ conocer	bekannt	Paz Vega es una actriz bastante conocida.
la tapa	die Tapa *(kleines spanisches Gericht)*	¿Qué tapas te gustan?
el/la director/a	der/die Regisseur/in	Un director de cine hace películas. **E** director
el camino	der Weg	**F** le chemin
recorrer ▶ correr	ablaufen, erkunden, bereisen	A Sara le gustaría recorrer Costa Rica.
el norte	der Norden	Galicia está en el norte de España.

el norte (der Norden)

el oeste (der Westen)

el este (der Osten)

el sur (der Süden)

¡Felicitaciones! ▶ feliz	Glückwünsche!	¡Felicitaciones por aprobar el examen! **F** Félicitations!
la paciencia	die Geduld	¡Ten paciencia! **E/F** (la) patience
grave	schlimm	Javi tuvo un accidente grave con la bici. **F** grave
el/la experto/-a	der/die Experte/-in	Elena es una experta en informática.
el tema	das Thema	Me interesa el tema de este libro.
Galicia *f.*	Galicien	En Galicia se habla español y gallego.

PASO 1

el rumbo (a)	der Kurs (auf)	El barco va rumbo a Cuba. = en dirección a
el/la peregrino/-a	der/die Pilger/in	Los peregrinos caminan mucho. **E** pilgrim
hoy en día	heutzutage	Hoy en día Mallorca es muy turística. ≠ en aquel entonces
llenarse (de)	sich füllen (mit)	A las 8 el instituto se llena con alumnos.
la parte	der Teil	Galicia es una parte bonita de España. **E/F** (la) part

el mundo	die Welt	Sara quiere recorrer el mundo en bici. **F** le monde
verdadero/-a ▶ la verdad	wirklich, echt	Gracias por todo. Eres un verdadero amigo.
caminar	wandern, gehen	A mucha gente le parece aburrido caminar.
el motivo	das Motiv, der Grund	Mucha gente visita Santiago por motivos religiosos.
religioso/-a	religiös	¿Eres una persona religiosa?
la naturaleza	die Natur	A mí me encanta la naturaleza.
deber ▶ los deberes	müssen	¡Debemos estudiar más para el examen! = tener que **F** devoir
el kilómetro	der Kilometer	Ayer caminé veinte kilómetros.
en bici	mit dem Fahrrad	Javi siempre va en bici al instituto.
la bicicleta = bici *fam.*	das Fahrrad	Javi tiene una bicicleta súper moderna. **E** bicycle **F** la bicyclette
existir	existieren, geben	No existían ordenadores hace 50 años.
la posibilidad	die Möglichkeit	**E** possibility **F** la possibilité
en aquel entonces	damals	En aquel entonces no había móviles. ≠ hoy en día
aquel/la, aquellos/-as	jene/r/-s	En aquellos años la gente trabajaba mucho.
solo/-a	allein, einsam; *hier:* einzige/r/-s	Yo tengo un solo amigo en mi pueblo.
el albergue	die Herberge	Cuando viajo, duermo en albergues baratos.
completo/-a	voll, komplett	Todos los hoteles están completos.
la bulla	der Lärm, Krach	En las ciudades grandes hay mucha bulla.
la Edad Media	das Mittelalter	¿Qué sabes de la Edad Media?
nunca más	nie (mehr) wieder	¡No quiero verte nunca más!

la comunidad autónoma	die Autonome Region	España tiene 17 comunidades autónomas.
la lengua oficial	die Amtssprache	¿Cuáles son las lenguas oficiales de Bolivia?

PASO 2

llover (o → ue)	regnen	Cuando llueve, Javi toma el autobús.
nevar (e → ie)	schneien	¡Está nevando desde hace tres días!
hacer **sol**	Sonne scheinen	En verano hace mucho sol en Andalucía.
hacer **frío**	kalt sein	Pero en invierno hace bastante frío.
el frío	die Kälte	A Olivia le gusta el frío. Le encanta esquiar.
hacer **calor**	heiß sein	En Cuba hace mucho calor en verano.
el calor	die Hitze	¡Qué calor! **F** la chaleur
hacer **viento**	Wind wehen	¡Ponte tu gorra! Hace mucho viento.
el viento	der Wind	**F** le vent
hacer **[...] grados (bajo cero)**	[...] Grad (unter Null) sein	Hace diez grados bajo cero. ¡Qué frío!
hacer **buen tiempo**	gutes Wetter sein	Como hace buen tiempo, voy al parque.
el tiempo	das Wetter	**F** le temps
hacer **mal tiempo**	schlechtes Wetter sein	
la tormenta	der Sturm, das Gewitter	Cuando hay tormentas es mejor no salir.
nublado/-a	bewölkt	Mira, ¡qué nublado está hoy!
el semestre	das Semester	Max estudia un semestre en España.
la beca (Erasmus)	das (Erasmus-) Stipendium	Max recibe una beca.
estudiantil ▶ el/la estudiante ▶ estudiar	studentisch	A Max le encanta la vida estudiantil.
parecerse **(a alg. / a a/c)**	(jdm./etw.) ähneln	Juan se parece mucho a su hermano.

el portugués	Portugiesisch *(Sprache)*	El portugués se parece un poco al español.
todas las semanas	jede Woche	Voy al curso de español todas las semanas.
entender (e → ie)	verstehen	– ¿Entiendes árabe? – Sí, pero sólo un poco.
la llegada ▶ llegar	die Ankunft	Después de su llegada, Max tuvo que buscar un piso.
desgraciadamente	leider, unglücklicherweise	Desgraciadamente, los pisos son muy caros. ≠ por suerte; afortunadamente
la calefacción	die Heizung	Es importante tener calefacción en invierno.
el invierno	der Winter	En invierno a veces nieva. ≠ el verano
normalmente	normalerweise	En invierno normalmente hace frío.
recomendar (e → ie)	empfehlen, raten	Te recomiendo viajar por España. E to recommend F recommander
la primavera	der Frühling	La primavera en Sevilla es muy bonita.
dejar	lassen	Ayer, Javi dejó su paraguas en casa.
el paraguas ▶ el agua	der Regenschirm	Cuando llueve es bueno tener paraguas.
generalmente	allgemein	Generalmente hace frío en invierno. E generally F généralement
el/la gallego/-a	der/die Galicier/in	
realmente ▶ la realidad	wirklich, echt	A Max realmente le gusta Alicia. E really
acompañar ▶ el/la compañero/-a	begleiten	¿Te puedo acompañar a casa? E to accompany F accompagner
a todas partes	überall (hin)	Mis padres me llevaron a todas partes.
llevar	mitnehmen, bringen	¿Me puedes llevar al aeropuerto?
afortunadamente	zum Glück, glücklicherweise	Afortunadamente está haciendo sol. = por suerte E fortunately

contar **con** (o → ue)	auf jdn./etw. zählen	Siempre puedes contar conmigo. E to count on F compter sur
hasta	*hier:* sogar	Elena hasta visitó a Juan en Mallorca.
el mar	das Meer	A Javi le gustan la playa y el mar.
fresco/-a	frisch	¿Está fresco este pescado? E fresh F frais/fraîche
echar de menos	vermissen	Andrea echa de menos a Sergio.
el pulpo cocido	gekochte Krake *(galicisches Gericht)*	
el/la recepcionista	der/die Rezeptionist/in	

PASO 3

el árbol	der Baum	En el bosque hay muchos árboles.
la nube	die Wolke	Hoy no hay ninguna nube en el cielo.
el cielo	der Himmel	¡Mira, qué azul está el cielo! F le ciel
el cerro	der Hügel	Subir cerros es muy agotador.
el bosque	der Wald	Sara camina mucho por los bosques.
el césped	die Wiese, der Rasen	¿Nos quedamos un rato aquí en el césped?
el lago	der See	Me gusta nadar en los lagos. F le lac
el cumpleaños	der Geburtstag	¡Feliz cumpleaños, Elena!
loco/-a	verrückt	¿Quieres caminar a Madrid? ¿Estás loco?
suficiente	genug, ausreichend	Tenemos suficiente comida? E sufficient F suffisant/e
tomar una decisión	eine Entscheidung treffen	Tenemos que tomar una decisión.
la decisión ▶ decidir	die Entscheidung	E decision F la décision
clásico/-a	klassisch	≠ moderno/-a E classic F classique

el paisaje	die Landschaft	España tiene paisajes muy bonitos. **F** le paysage
impresionante	beindruckend	¡Mira este paisaje tan impresionante! **E** impressive **F** impressionnant/e
la salamandra	der Salamander	
la meta	das Ziel	La meta de José es ser piloto.
sencillo/-a	einfach, leicht	Aprender un idioma no es sencillo. ≠ difícil
cansado/-a	müde, erschöpft	– ¿Estás cansado? – Sí, mucho.
mientras	während	Mientras dormíamos empezó a llover.
fuerte	stark	José es un chico fuerte. **F** fort/e
empapado/-a	klatschnass	Alicia y Max llegan a la casa empapados.
doler (o → ue) ▶ el dolor	schmerzen	Hoy me duele mucho la cabeza.
decidir ▶ la decisión	entscheiden	Max decidió no volver a Alemania. **E** to decide **F** décider
sentir (e → ie)	fühlen	– ¿Cómo te sientes? – No muy bien ... **F** sentir
abajo	unten	≠ arriba
adelante	vorne, im Vordergrund	¡Vamos adelante!
atrás	hinten, im Hintergrund	Adelante hay un lago y atrás un bosque.
la catedral	die Kathedrale	Una catedral se parece a un a iglesia.

PARA COMUNICARSE

I über Vergangenes reden (pretérito imperfecto)
Cuando era un niño, iba todos los domingos a un parque que era muy bonito.

I über das Wetter reden
Llueve. / Nieva. / Hace sol. / Hace frío. / Hace calor. / Hace viento. / Hace 15 grados. / Hace buen/mal tiempo. / Hay tormentas. / Está nublado.

I über die Landschaft reden
El paisaje de ___ es muy bonito: hay cerros, bosques y lagos.

¡Vamos!

el compromiso	das Engagement	
social	sozial	Hay muchos problemas sociales en el mundo.
acabar de + *Infinitiv*	gerade etw. getan haben	– ¿Tienes hambre? – No, acabo de cenar.
Médicos Sin Fronteras (= MSF)	Ärzte ohne Grenzen	
sin	ohne	Javi nunca sale de la casa sin su móvil. ≠ con **F** sans
la frontera	die Grenze	España tiene frontera con Portugal. **F** la frontière
poner	*hier:* zeigen	¿Qué películas ponen hoy en el cine?
el evento	das Ereignis; *hier:* die Veranstaltung	**E** event
si	ob	Todavía no sé si puedo ir al cine mañana. **F** si
el/la humorista	der/die Komiker/in	

PASO 1

posible	möglich	– Trabajo 75 horas por semana. – ¡No es posible! **E/F** possible
terminar	(be-) enden	¿A qué hora termina el concierto? ≠ empezar **F** terminer
pasar	passieren, geschehen	¿Por qué estás triste? ¿Qué ha pasado?
el yogur	der Joghurt	Como muchísimo yogur.

la paloma	die Taube	Mi abuela siempre les da pan a las palomas.
imaginarse	sich vorstellen; *hier:* sich einbilden	¡Imagínate: hoy he visto a Pedro Almodóvar! E to imagine F s'imaginer
alguna vez	(schon) (ein-) mal	¿Has estado alguna vez en Madrid?
no [...] ni [...]	*hier:* nicht (ein/e einzige/r/-s)	No hay ni una nube en el cielo.
desde que	seit, seitdem	Desde que Juan está con María está feliz.
impresionar ▶ impresionante	beeindrucken	Me impresiona mucho el trabajo de MSF. E to impress F impressionner
el/la enfermero/-a	der/die Krankenpfleger/in	– Mi tío es enfermero. – ¡Mi prima también! F l'infirmier/-ière
implicarse (en a/c)	sich (für etwas) engagieren; sich in etwas einmischen	Silvia se implica en un grupo social. F s'impliquer dans
tanto *adv.*	so sehr	México le gusta tanto a Silvia. F tant
el donativo	die Spende	Con un donativo uno puede ayudar un poco. E donation F le don
benéfico/-a	Benefiz-, wohltätig	A veces, MSF organiza eventos benéficos.
gratuito/-a	gratis, umsonst	– ¿Cuánto es la entrada? – Nada, es gratuita. F gratuit/e
infantil	Kinder-	¡Hay que luchar contra el trabajo infantil!
¡Ya sé!	Ich weiß!	– Ayer me llamó tu hermana. – Sí, ya sé.
primero	erstens	Primero, no tengo dinero para ir al cine.
segundo	zweitens	Segundo, no me gusta esa música.
dar **un concierto**	ein Konzert geben	Vamos a dar un concierto el sábado.
el/la voluntario/-a	der/die Freiwillige/r	Silvia trabaja como voluntaria para MSF. E volunteer F le/la volontaire

la manifestación	die Demonstration	Hoy hay una manifestación contra el racismo. F la manifestation
enfermo/-a	krank	Un enfermero trabaja con gente enferma.
donar ▶ el donativo	spenden	Puedes ayudar mucho con donar sangre. E to donate F donner
la sangre	das Blut	La sangre es roja. F le sang
el/la enfermo/-a	der/die Kranke	Los enfermos a veces necesitan ayuda.
el/la discapacitado/-a	der/die Behinderte	= el/la minusválido/-a

PASO 2

el/la autor/a	der/die Autor/in	Sara es autora de libros infantiles.
el/la jefe/-a de personal	der/die Personalleiter/in	El jefe de personal recibe muchos currículos.
llevar + *(Zeitangabe)* **+** *gerundio*	seit + *(Zeitangabe)* + etw. tun	Silvia lleva dos meses trabajando.
el consejo	der Rat (-schlag)	¿Me puedes dar un consejo?
Ud. = usted	Sie	¿Qué piensa Ud. del consumismo?
fijarse (en a/c)	auf etw. achten	El jefe de personal se fija en las notas.
el currículo = CV	der Lebenslauf	Por favor, mándenos su currículo.
seguir **+** *gerundio*	weiterhin *(etw. tun)*	Silvia sigue trabajando como voluntaria.
el/la candidato/-a	der/die Bewerber/in, der/die Kandidat/in	¿Cuántos candidatos han mandado su CV?
aplicado/-a	fleißig	Elena trabaja mucho; es muy aplicada.
la capacidad	die Fähigkeit, Kapazität	Los niños tienen mucha capacidad para aprender. F la capacité

quizás	vielleicht	= tal vez
notar	feststellen, bemerken	= darse cuenta E to notice F noter
fácil *(adv.* **fácilmente***)*	leicht, einfach	Aprender árabe no es fácil. ≠ difícil F facile
cada vez más	immer mehr	Hablar idiomas es cada vez más importante.
varios/-as	mehrere, verschiedene	Juana manda su currículo a varias empresas.
la razón	der Grund	E reason F la raison
En primer lugar, [...]	Erstens [...], Zum einen [...]	= primero
demostrar (o → ue)	zeigen, beweisen	Cada día Juan demuestra que es aplicado. E to demonstrate F démontrer
la responsabilidad	die Verantwortung	E responsibility F la responsabilité
En segundo lugar, [...]	Zweitens [...], Zum anderen [...]	= segundo, además
la cualidad	die Eigenschaft, Qualität	Elena tiene muchas cualidades. E quality F la qualité
el equipo	das Team, die Gruppe	¿Cuál es tu equipo de fútbol favorito? F l'équipe *f.*
etcétera	etc.	
sí mismo/-a/s	sich selbst	En el espejo, uno puede ver a sí mismo.
la carrera	die Karriere	Kike quiere hacer carrera como futbolista.
cumplir	erfüllen	A veces es difícil cumplir las expectativas.
la expectativa	die Erwartung	E expectation F l'expectative *f.*
en cambio	stattdessen, dagegen	Marco es bajo. Juana, en cambio, es alta.
pasar + *(Zeitangabe)* + *gerundio*	seine Zeit mit etwas verbringen	Kike pasa su tiempo libre jugando al fútbol.
salir **de fiesta**	ausgehen, Feiern gehen	Los sábados, María siempre sale de fiesta.
el consumismo	der Konsumismus, Konsumwahn	¿Cuál es tu opinión sobre el consumismo?

el consumo	der Konsum	El consumo es económicamente importante.
la importancia ▶ importante	die Wichtigkeit, Bedeutung	E/F (l')importance *f.*
económico/-a	ökonomisch, wirtschaftlich	E economic F économique
¿No le parece?	Meinen Sie nicht?	
en mi opinión	meiner Meinung nach	En mi opinión trabajas demasiado. E in my opinion
la sociedad	die Gesellschaft	E society F la société
resolver (o → ue)	lösen	Tenemos que resolver este problema. E to solve

PASO 3

el turismo ▶ turístico/-a	der Tourismus	En España hay muchísimo turismo. E tourism F le tourisme
boliviano/-a	bolivianisch	Oruro es una ciudad boliviana.
la conversación	das Gespräch, die Unterhaltung	María tiene una conversación con Juan. E/F (la) conversation
agradable	angenehm	Alicia es una chica muy agradable. F agréable
volar (o → ue) ▶ el vuelo	fliegen	Eva vuela a España para visitar a Juan. F voler
la pasión (por)	die Leidenschaft	Kike tiene una gran pasión por el fútbol. E/F (la) passion
sorprender ▶ la sorpresa	überraschen	¡Ahora me has sorprendido! E to surprise F surprendre
el producto	das Produkt	E product
la parada	die Haltestelle	¿En qué parada me tengo que bajar del autobús?
pedir (a/c) (e → i)	(um etwas) bitten	Javi le pidió cinco euros a Sergio.

al + *verbo*	beim/als + Verb	Al llegar a México, Silvia estaba cansada.
la sorpresa	die Überraschung	¿Tú estás aquí? ¡Qué sorpresa!
▶ sorprender		**E/F** (la) surprise
la institución	die Institution, Einrichtung	Marta trabaja en una institución social.
saludar	(be-) grüßen	Cuándo Marta vió a Eva, le saludó. **F** saluer
el avión	das Flugzeug	¿Has viajado alguna vez en avión?
El mundo es un pañuelo.	Die Welt ist ein Dorf.	
el pañuelo	das Taschentuch	Perdona, ¿tienes un pañuelo para mi?
adjunto	angehängt, im Anhang	Adjunto le mando mi currículo.
el intercambio (escolar)	der (Schüler-) Austausch	¿Vas a hacer un intercambio escolar?
▶ cambiar		

PARA COMUNICARSE

I wiedergeben, was eine andere Person sagt
Él/ella dice que ___.
Él/ella pregunta / quiere saber si/qué/dónde/cuándo ___.

I über Vergangenes reden
(pretérito perfecto)
Hoy / Esta mañana / Esta semana / Todavía no / ___ he donado sangre.

I argumentieren und diskutieren
Estoy seguro/-a que ___.
En mi opinión ___.
Pienso que ___.
Me parece que ___.
En primer lugar, ___.
En segundo lugar ___.
Además ___.
En cambio ___.
(No) Tienes razón.
(No) Estoy de acuerdo.
Es verdad, pero ___.

I sich in formellen Gesprächssituationen äußern
¿Qué piensa usted de ___?
¿Es usted ___?

¡Vamos!

el medio ambiente	die Umwelt	
la Unión Europea = UE	die Europäische Union = EU	¿Cuántos países están en la UE?
usar	benutzen	¿Puedo usar tu móvil por favor? **E** to use
la energía renovable	erneuerbare Energie	**E** renewable energy **F** l'énergie renouvelable *f.*
¡Ya era hora!	Es wurde auch Zeit!	Ayer encontré trabajo. ¡Ya era hora!
por ciento (%)	Prozent	**E** per cent **F** pour cent
el 1,3 % («el uno coma tres por ciento»)	1,3 % („eins Komma drei Prozent“)	

⚠ **El** diez por ciento de los españoles ...	10 Prozent der Spanier ...
Un diez por ciento de los españoles ...	(Etwa) 10 Prozent der Spanier ...

la comida ecológica	das Bio-Lebensmittel	
ecológico/-a	ökologisch	¿Sabías que existe ropa ecológica? **E** ecological **F** écologique
la cifra	die Zahl, die Ziffer	**F** le chiffre
crecer (yo crezco)	wachsen	Mi hermana pequeña ha crecido mucho.
más y más	immer mehr	Hay más y más gente que recicla la basura. = cada vez más
la bombilla fluorescente	die Energiesparlampe	¿Tienes bombillas fluorescentes en casa?

gastar	ausgeben; *hier:* verbrauchen	Alicia gasta mucho dinero en ropa.
[...] veces menos	[...] Mal weniger	¡Yo gasto mil veces menos agua que tú!
la electricidad	der Strom, die Elektrizität	**E** electricity **F** l'électricité *f.*
normal ▶ normalmente	normal	Juan es un nombre muy normal en España. = regular
bañarse ▶ el baño	baden	Normalmente no me baño. Prefiero ducharme. **F** se baigner
la bañera	die Badewanne	
por lo menos	mindestens; wenigstens	Juego al fútbol por lo menos seis veces al mes.
¡No te preocupes!	Mach dir keine Sorgen!	Vamos a resolver el problema, ¡no te preocupes!
preocuparse	sich sorgen	Juan se preocupa por María. La nota triste.
meter(se)	(sich) hineinlegen/-stellen	Esta noche me voy a meter en la bañera.
a menudo	oft	Kike va muy a menudo al cine.
reciclar	recyceln	¡Hay que reciclar la basura!
la basura	der Müll	La basura en la calle se ve muy fea.
a la cabeza	an der Spitze	= en el primer lugar
¿ En qué lugar [...]?	An welcher Stelle [...]?	
la bolsa de plástico	die Plastiktüte	Las bolsas de plástico se pueden reciclar.
tardar ▶ la tarde, tarde	dauern; *hier:* brauchen	Ana tarda una hora en llegar a la oficina. **F** tarder
descomponerse	(sich) zersetzen, verwesen, zerfallen	Las bolsas de plástico no se descomponen tan fácilmente. **E** to decompose
¡No me digas!	Sag bloß!, Was du nicht sagst!	

PASO 1

la tierra	die Erde	Sólo hay una tierra. **F** la terre
poner	*hier:* anschalten	Alicia se acuesta en el sofá y pone la tele.
discutir (con alg.) ▶ la discusión	diskutieren, streiten	Mi hermano y yo discutimos todos los días. **F** discuter
meterse (en a/c)	sich (in etw.) einmischen	¡No te metas en mis cosas!
llenar	füllen	María llena la lavadora con su ropa.
la ecología ▶ ecológico/-a	die Ökologie	**E** ecology **F** l'écologie *f.*
¿ Qué tal si [...]?	Wie wäre es, wenn [...]?	¿Qué tal si hacemos una excursión mañana?
separar	trennen	Para reciclar basura hay que separarla primero. **E** to separate **F** séparer
la basura orgánica	der Bio-Müll	La basura orgánica se descompone rápidamente.
pésimo/-a	sehr schlecht	La música aquí está pésima; no baila nadie.
convenir (e → ie)	nützlich/angebracht sein; passen	Me conviene que mi piso es tan grande.
sea como sea	wie dem auch sei; jedenfalls	Sea como sea, ahora tienes que estudiar.
pelearse (con alg.)	sich streiten	Olivia se pelea mucho con su hermana.
tomar el pelo (a alg.) *fam.*	(jdn.) auf den Arm nehmen	Esto no me lo creo. ¿Me estás tomando el pelo?
la plantación	die Plantage	En muchas plantaciones se utilizan pesticidas. **E/F** (la) plantation

PASO 2

utilizar	benutzen	¡No utilices mi móvil! = usar **F** utiliser

el pesticida *m.*	das Pestizid, das Schädlingsbekämpfungsmittel	En las plantaciones ecológicas no se utilizan pesticidas. E/F (le) pesticide
el parásito	der Parasit	Los parásitos mueren por los pesticidas. E/F (le) parasite
la mala hierba	das Unkraut	En casi todos los jardines hay malas hierbas.
sano/-a	gesund	Hacer deporte es sano. F sain/e
común y corriente	gebräuchlich, häufig	Ana es un nombre común y corriente en España. = normal
enfermarse ▶ el/la enfermo/-a ▶ el/la enfermero/-a ▶ enfermo/-a	erkranken, krank werden	No estoy bien. Creo que me he enfermado.
al principio	am Anfang, anfangs	Al principio, aprender un idioma no es fácil. ≠ al final
el principio	der Anfang	≠ el final
envejecer (yo envejezco) ▶ viejo/-a	altern	La sociedad alemana ha envejecido mucho.
la alergia	die Allergie	– ¿Tienes alguna alergia? – No, ninguna.
la piel	die Haut	
los pulmones	die Lunge	Si te duelen tus pulmones, ¡vete al médico!
esperar	hoffen	Juan espera que Alicia venga a su fiesta. F espérer
cambiar(se) (de)	wechseln; sich umziehen	Espero que me pueda cambiar de trabajo.
la demanda	die Nachfrage	Ahora hay una gran demanda de coches. E demand F la demande
alegrar ▶ alegre	freuen	Me alegra mucho que estés feliz.

¡Buenos días!	Guten Tag!, Guten Morgen!	
la emisora	der Sender	Esta emisora tiene muy buena música.
el comercio justo	Fairer Handel	El comercio justo rechaza el trabajo infantil.
justo/-a	gerecht	El comercio normal a menudo no es justo. F juste
el/la secretario/-a general	der/die Generalsekretär/in	E secretary general
la organización ▶ organizar	die Organisation	
la pregunta ▶ preguntar	die Frage	Perdona, tengo una pregunta ...
el/la productor/a ▶ el producto	der/die Erzeuger/in, der/die Produzent/in	El comercio justo apoya a los productores. E producer F le/la producteur/-trice
digno/-a	würdig	Muchos pobres no tiene una vida digna. F digne
encargarse (de a/c)	sich um etwas kümmern, etwas übernehmen	No te perocupes, yo me encargo de eso.
justamente	gerade, eben, genau	¡Justamente eso quería decir yo! E just F justement
el propósito	die Absicht	El propósito del comercio justo es ayudar.
el aspecto	der Aspekt	Esto es un aspecto muy importante.
rechazar	ablehnen, abweisen	E to reject
el trabajo infantil	die Kinderarbeit	¡Claro que rechazo el trabajo infantil!
el té	der Tee	¿Tomas tu té con leche?
el azúcar	der Zucker	Tomo mi té con azúcar.
la calidad	die Qualität	Estos productos son de buena calidad.
antes que nada	zunächst; insbesondere	Antes que nada, el comercio justo ayuda a mucha gente.

prohibido/-a	verboten	Está prohibido entrar aquí. **E** prohibited **F** prohibé/e
fomentar	fördern, unterstützen	Hay que fomentar la agricultura ecológica.
la agricultura (ecológica)	die (ökologische) Landwirtschaft	**E/F** (l')agriculture *f.*
apoyar	unterstützen	Hay que apoyar a los productores pequeños.
la pobreza	die Armut	La pobreza es un gran problema en el mundo. **E** poverty **F** la pauvreté
seguir **(con)**	weitermachen	¡Seguimos luchando por nuestros derechos!
continuar	fortfahren, weitermachen	≠ terminar **E** to continue **F** continuer

PARA COMUNICARSE

I jemanden auffordern, etwas nicht zu tun
¡No pelees tanto!

I über Umweltschutz reden
Cómo ser ecológico/-a: hay que reciclar la basura, usar bombillas fluorescentes y gastar poca agua.

I Gefühle, Willen und Meinung (verneint) äußern
Me gusta que en mi casa haya muchos productos de «Comercio Justo».
Espero que pronto se recicle la basura en todo el mundo.
No creo que en todas las casas hayan bombillas fluorescentes.

UNIDAD 11 LA ECONOMÍA DE ESPAÑA

¡Vamos!

la economía ▶ económico/-a	die Wirtschaft	**E** economy **F** l'économie *f.*

la emigración	die Auswanderung	E emigration F l'émigration *f.*
europeo/-a	europäisch	España es un país europeo.
en busca de	auf der Suche nach	Me fui a España en busca de un futuro mejor.
el/la habitante	der/die Einwohner/in	Madrid tiene más habitantes que Toledo. E inhabitant F l'habitant/e
mejorar ▶ mejor	verbessern	En Perú, Silvia pudo mejorar su español.
la pesca ▶ el pescado	die Fischerei	La pesca tiene mucha tradición en España.
contar **con**	aufweisen, haben	Cataluña cuenta con mucha industria. = tener
la industria	die Industrie	En Alemania hay mucha industria.
las exportaciones	die Exportgüter/-waren	
el País Vasco	das Baskenland	En el País Vasco se habla vasco y español.
la población	die Bevölkerung	México cuenta con una población muy grande. E/F (la) population
la industria pesada	die Schwerindustrie	En el País Vasco hay industria pesada.
gracias a	dank	Gracias al turismo, hay mucho trabajo.
el crecimiento económico	das Wirtschaftswachstum	
enorme	enorm, riesig	Ciudad de México es una ciudad enorme.
rico/-a	reich	Mi tía es rica: tiene tres casas. F riche
Cataluña *f.*	Katalonien	Barcelona es la capital de Cataluña.
el destino	das (Reise-) Ziel	Nuestro destino para las vacaciones es Ibiza. E/F (la) destination
el/la turista ▶ el turismo	der/die Tourist/in	En verano llegan muchos turistas.
extranjero/-a ▶ el extranjero	ausländisch	Se venden cada vez más productos extranjeros. F étranger/ère

seguido/-a por	gefolgt von	Mallorca es la más grande de las Islas Baleares, seguida por Menorca.
las Islas Canarias	die Kanarischen Inseln	
las finanzas *pl.*	die Finanzen; Finanz-	Londres es un centro de finanzas.
textil *adj.*	Textil-	La industria textil produce ropa.
farmacéutico/-a *adj.*	Pharma-, pharmazeutisch	F pharmaceutique
automovilístico/-a *adj.*	Automobil-	
Andalucía *f.*	Andalusien	En Andalucía hace mucho calor.
poblado/-a	bevölkert, besiedelt	China es el país más poblado del mundo. E populated
encontrarse (o → ue)	sich befinden	El río Pescados se encuentra en México.
el invernadero ▶ el invierno	das Gewächshaus	
cultivar	kultivieren, anbauen	En España se cultivan muchas verduras.
la diversidad	die Vielfalt	E diversity F la diversité
la fruta	die Frucht	E/F (le) fruit
la verdura	das Gemüse	A Javi no le gustan las verduras.
la sandía	die Wassermelone	La sandía es una fruta de verano.
la aceituna	die Olive	España es famosa pos sus aceitunas.
la agricultura intensiva	die intensive Landwirtschaft	La agricultura intensiva causa problemas.
causar	verursachen	E to cause F causer
consumir ▶ el consumismo ▶ el consumo	verbrauchen, konsumieren	La agricultura intensiva consume mucha agua. E to consume F consommer
estar **en peligro (de)**	Gefahr laufen (zu)	Juan está en peligro de perder su trabajo.
convertirse **(en)** (e → ie)	sich verwandeln	Javi se está convirtiendo en un chico grande.
el desierto	die Wüste	El Sahara es un desierto enorme. E desert F le désert

la tasa de paro	die Arbeitslosenquote	Hoy en día la tasa de paro está bastante alta.
el paro	die Arbeitslosigkeit	El paro es un problema grave.
nacional	national	¿Cuál es el deporte nacional de España?
el sector económico	der Wirtschaftssektor	E economic sector F le secteur économique
la construcción	das Baugewerbe	Trabajar en la construcción es muy agotador. E/F (la) construction
(el sector de) servicios	der Dienstleistungssektor	El sector de servicios aporta un [...] % del PIB.
aportar	beisteuern, beitragen; *hier:* ausmachen	Todos los alumnos aportan sus ideas.

Mengenangaben	un tercio = 1/3	un cuarto = 1/4	la mitad = 1/2
	dos tercios = 2/3	tres cuartos = 3/4	

el PIB (producto interno bruto)	das BIP (Bruttoinlandsprodukt)	

PASO 1

dinámico/-a	dynamisch	China tiene una economía dinámica.
la fábrica	die Fabrik	Clara trabaja en una fábrica.
producir ▶ el producto ▶ el/la productor/a	produzieren, herstellen	La industria automovilística produce coches. E to produce F produire
el turrón	der Turrón *(span. Süßware)*	
familiar ▶ la familia	familiär, Familien-	Juan lleva a María a una fiesta familiar.
el departamento	die Abteilung	En una empresa hay varios departamentos. E department F le département

las relaciones públicas	die Öffentlichkeitsarbeit	E public relations
la contabilidad ▶ contar	die Buchhaltung	F la comptabilité
la producción	die Produktion	E/F (la) production
la distribución	der Vertrieb	E/F (la) distribution
el/la gerente general	der/die Geschäftsführer/in	
el/la fundador/a ▶ fundar	der/die Gründer/in	Elena es la fundadora de su empresa. E founder F le/la fondateur/-trice
adquirir (i → ie)	erlangen, erwerben	Ana adquirió experiencia en sus prácticas. E to acquire F acquérir
la experiencia	die Erfahrung	Hacer prácticas es una buena experiencia. E experience F l'expérience *f.*
para que + *subj.*	damit	María lleva Juan a su casa para que conozca a su familia. F pour que
reaccionar (a a/c)	reagieren	Ana vio el coche y reaccionó rápidamente. E to react F réagir
rápido/-a	schnell	Los gatos son muy rápidos. F rapide
la materia prima	der Grundstoff, das Rohmaterial	
la almendra	die Mandel	E almond F l'amande *f.*
la miel	der Honig	F le miel
la nuez	die Walnuss	
la avellana	die Haselnuss	
intentar (a/c)	versuchen	Alicia intenta hablar con Juan, pero él no la quiere ver. F tenter
la cantidad	die Menge, die Anzahl	E quantity F la quantité

necesario/-a	notwendig	Es necesario estudiar para los exámenes. E necessary F nécessaire
importar	importieren	Alemania importa muchas frutas de España. ≠ exportar E to import F importer
a no ser que + *subj.*	es sei denn, dass	Ana va a esquiar a no ser que se enferme antes.
en caso de que + *subj.*	falls; im Falle, dass	En caso de que veas a Sara, dile que la estoy esperando. = si E in case
exportar ▶ las exportaciones	exportieren	España exporta muchas frutas y verduras. E to export F exporter
ojalá que + *subj.*	hoffentlich	¡Ojalá que Alicia no me vea!, piensa Juan.
el éxito	der Erfolg	El grupo Maná tiene mucho éxito en España.
sin que + *subj.*	ohne dass	Pablo sale de casa sin que su madre se dé cuenta. F sans que
despedir **(a alg.)** (e → i)	verabschieden; *hier:* entlassen	Elena despide a su padre en la estación.
ahorrar	sparen	Eva ha ahorrado dinero para viajar a Bolivia. ≠ gastar
el gasto ▶ gastar	die Ausgabe, die Kosten	Las empresas quieren ahorrar gastos.
antes de que + *subj.*	bevor	Quiero llegar a casa antes de que llueva.

PASO 2

el/la peruano/-a	der/die Peruaner/in	
tener **a/c (muy) claro**	etw. (sehr) gut wissen	Jesús tiene muy claro lo que es la pobreza. = saber
la solidaridad	die Solidarität	Hace falta más solidaridad en el mundo.
cuidar (a/de) ▶ ¡cuidado!	betreuen, aufpassen auf	Los enfermeros cuidan a los enfermos.

acabar (a/c)	beenden	María va a acabar sus estudios en este año. = terminar ≠ empezar
los estudios *pl.* ▶ estudiar ▶ el/la estudiante ▶ estudiantil	das (Hochschul-) Studium	**E** studies
Derecho	Recht, Jura *(Studium)*	Jaime quiere estudiar Derecho.
el Perú	Peru	
devolver (o → ue)	zurückgeben	¡Devuélveme las llaves del coche!
el/la teleoperador/a	der/die Telefonist/in, der/die Callcenter-Agent/in,	Un teleoperador habla con sus clientes por teléfono.
el medicamento ▶ el/la médico/-a	das Medikament	Eva está enferma; tiene que tomar medicamentos.
estar **en paro**	arbeitslos sein	Juan ya no está en paro, encontró trabajo.
el/la inmigrante	der/die Immigrant/in	EE.UU. es un país de inmigrantes.
unos/-as	die einen, manche	De mis amigos, unos estudian, otros trabajan.
el negocio	das Geschäft	El negocio de Elena va bastante bien.
los ahorros ▶ ahorrar	die Ersparnisse	José no trabaja; vive de sus ahorros.
dejarse la piel + *gerundio fam.*	sich aufreiben, sich abmühen	Juan se deja la piel trabajando en la construcción.
hacer **falta**	nötig sein, fehlen	Para ser gerente general hace falta tener experiencia.
salir **adelante**	vorankommen, weiterkommen	¡Quiero salir adelante en la vida!
la ayuda	die Hilfe	Siempre puedes contar con mi ayuda.
convalidar	anerkennen, anrechnen	¿Ya te convalidaron tu máster de México?
el hospital	das Krankenhaus	Si estás muy mal, ¡vete al hospital! **E** hospital **F** l'hôpital *m.*
por fin	endlich	¡Por fin llegas!

positivo/-a	positiv	Ana es muy positiva.
recordar (o → ue) ▶ el recuerdo	sich erinnern	¿Recuerdas el día que fuimos a Toledo?
llorar	weinen	Los niños pequeños lloran mucho.
el/la anciano/-a	der/die Greis/in	Mi abuelo ya es un anciano.
permitir	erlauben	Sus padres no le permiten ir a los bares. **E** to permit **F** permettre
soñar (con) (o → ue)	träumen (von)	Kike sueña con ser futbolista.
el máster	der Master *(Studienabschluss)*	Javi quiere estudiar y hacer un máster.
la gerencia general	das Management und Betriebswirtschaft *(Studiengang)*	
algún día	eines Tages, irgendwann	Me gustaría viajar a Bolivia algún día.
el proyecto	das Projekt	Silvia tiene muchos proyectos en su trabajo.
sacar de la ruina	aus dem Ruin ziehen/befreien	¡Vamos a sacar esta empresa de la ruina!

PASO 3

en nombre de	im Namen von	Les saludo en nombre de la empresa.
el Instituto de Turismo	das Fremdenverkehrsamt	
el/la representante	der/die Repräsentant/in, der/die Vertreter/in	Silvia es la representante de su empresa.
la campaña	die Kampagne	Me gustan los carteles de esta campaña.
sonreír	lächeln	Alicia sonríe a Juan. **F** sourire
desarrollar	entwickeln	Ana desarrolla un plan para un proyecto.
la colaboración	die Zusammenarbeit	¡Tenemos que mejorar nuestra colaboración!

el detalle	das Detail	Hay aquí un detalle que no entiendo.
dirigirse (a alg.)	sich (an jdn.) richten	Este libro se dirige a estudiantes.
asociar (a/c con a/c)	verbinden, assoziieren	Yo asocio Andalucía con tapas y playas. E associate F associer
en concreto	konkret, genau gesagt	– Tenemos que hablar. – ¿De qué en concreto?
ofrecer **(a/c a alg.)** (yo ofrezco) ▶ la oferta	(an-) bieten	¿Te puedo ofrecer algo de beber? E to offer F offrir
diferente	verschieden	Me gustan diferentes tipos de música. E different F différent/e
el tipo	die Art, die Sorte	Este tipo de música no me gusta.
el interés ▶ interesante ▶ interesar	das Interesse	Juan no tiene ningún interés en libros.
entusiasmar	begeistern	El cantante entusiasma a la gente.
el campo	das Land *(im Gegensatz zur Stadt)*	María y Juan pasan unos días en el campo. ≠ la ciudad F la campagne
el coche descapotable	das Cabriolet	F la décapotable
el sentimiento ▶ sentir	das Gefühl	La alegría es un sentimiento bonito. E/F (le) sentiment
siempre que + *subj.*	vorausgesetzt, dass	¿Vamos al parque? – Sí, siempre que no llueva.
la alegría ▶ alegrar ▶ alegre	die Freude	¡Qué alegría verte!
la atención	die Aufmerksamkeit	¡Muchas gracias por su atención! E/F (l') attention *f.*
reunirse	sich versammeln	Elena se reúne con sus colegas para comer.
cuando + *subj.*	wenn, sobald	Cuando tenga coche voy a ir a Francia.
el dato	die Zahl, der Wert	

hasta que + *subj.*	bis *(Ereignis in der Zukunft)*	Voy a buscar piso hasta que encuentre algo.
mientras + *subj.*	solange	Mientras estés enfermo, no debes nadar.
aunque + *subj.*	selbst wenn	Vamos a salir de fiesta hoy, aunque nieve.

PARA COMUNICARSE

I Statistiken, Tabellen und Grafiken auswerten

España recibe un 6,5 % del total mundial de turistas.
Sin embargo, en primer lugar está Francia, que recibe un 9 %.
En España, el sector de servicios aporta un 67,2 % del BIP.
En segundo lugar está el sector de industria y construcción, que aporta casi un tercio del BIP.

I die wirtschaftliche Situation einer Region beschreiben

En Cataluña hay mucha industria: se producen coches, ropa, medicamentos y muchos otros productos.
Además, es un centro de finanzas y de moda. También hay mucho turismo.

I ein Unternehmen / einen Betrieb vorstellen

En la empresa «Molina S.L.» trabajan unas 250 personas en los departamentos de Producción, Distribución, Relaciones Públicas y Contabilidad.
Es una empresa internacional. Más de la mitad de los empleados trabaja en el extranjero.
«Molina S.L.» compra las materias primas para sus productos en Europa. Sus productos se exportan a todo el mundo.

I eine Präsentation halten

Señoras y señores, les saludo en nombre de [...].
Me alegro poder presentarles [...].
Ahora le doy la palabra a [...].
Muchas gracias por su atención.

¡Vamos!

América del Norte	Nordamerika	
geográficamente	geographisch	
formar	bilden	E to form F former
el origen	die Herkunft	Eva es de origen alemán. E origin F l'origine *f.*
el náhuatl	Nahuatl *(Sprache)*	El náhuatl es la lengua de los aztecas.
indígena	indigen	El quechua es una lengua indígena.
hablado/-a	gesprochen	El español es la lengua más hablada de Belice.
el chocolate	die Schokolade	En México se come chocolate con chile.
el cacahuate *(mex.)*	die Erdnuss	En España se dice «cacahuete».
el millón	die Million	España tiene 46 millones de habitantes.
a pesar de	trotz	Javi quiere ir a la playa a pesar del frío.
protegido/-a	geschützt	En México hay zonas de bosque protegidas.
el país andino	das Andenland	Perú es un país andino.
la Cordillera de los Andes	die Anden-Gebirgskette	
la altura ▶ alto/-a	die Höhe	Bogotá está a una altura de 2640 metros. E/F (l')altitude *f.*
el metro	der Meter	
el/la descendiente	der/die Nachfahre/-in	Juan es descendiente de mayas y españoles.
el/la inca	der/die Inka	Mucha gente asocia Perú con los incas.
el quechua	Quechua *(Sprache)*	El quechua se habla por ejemplo en Perú.

el aimara	Aimara *(Sprache)*	En Bolivia se habla español, quechua y aimara.
incluso	sogar	Me gusta todo tipo de música, incluso el hip hop.
celebrar	feiern	¿Cómo vas a celebrar tu cumpleaños? E to celebrate F célébrer
América Central	Zentralamerika	Panamá es un país de América Central.
formado/-a (por)	gebildet (von/aus)	La Unión Europea está formada por 27 países.
Belice	Belize	Belice está al sur de México.
maya *adj.*	Maya-	Tikal era una ciudad maya.
el clima	das Klima	El norte de España tiene muy buen clima.
tropical	tropisch	Los plátanos son frutas tropicales.
el Cono Sur	der Südkegel *(südlicher Teil Südamerikas)*	Argentina, Chile y Uruguay forman el Cono Sur.
el/la italiano/-a	der/die Italiener/in	E Italian F l'Italien/ne
el bienestar	der Wohlstand	≠ la pobreza F le bien-être
el/la latino/-a	der/die Latino/-a	Más de 40 millones de latinos viven en EE.UU.
pobre ▶ el/la pobre ▶ la pobreza	arm	Juan viene de una familia pobre. ≠ rico/-a F pauvre
el Caribe	die Karibik	El Caribe tiene muchas playas bonitas.
africano/-a	afrikanisch	¿Cuántos países africanos conoces?
no sólo [...] sino también	nicht nur [...], sondern auch	En Perú no sólo se habla español, sino también quechua.
sino	sondern	Adrián no es mecánico sino ingeniero.
la lengua criolla	die Kreolsprache	En el Caribe se hablan lenguas criollas.
el holandés	Niederländisch *(Sprache)*	

especialmente	besonders, vor allem	Me gusta el Caribe, especialmente las playas.
la influencia	der Einfluss	Sara tiene mucha influencia sobre sus primas. E/F (l') influence *f.*
la exportación ▶ las exportaciones ▶ exportar	der Export	La exportación tiene una gran importancia para la economía de un país.

PASO 1

el continente	der Kontinent	
americano/-a	amerikanisch	
destacar	hervorheben; herausragen	Messi es un futbolista que destaca.
California	Kalifornien	E California
Nuevo México	New Mexico	Antes, Nuevo México era parte de México.
el/la cubano/-a	der/die Kubaner/in	E Cuban F le/la Cubain/e
el/la puertorriqueño/-a	der/die Puerto-Ricaner/in	
Nueva Jersey	New Jersey	
el/la estadounidense ▶ los Estados Unidos (EE.UU.)	der/die US-Amerikaner/in	
llamar	nennen	– ¿Cómo vas a llamar a tu hijo? – Raúl.
el/la chicano/-a	der/die Chicano/-a	Los chicanos viven en EE.UU.
el caso ▶ en caso de que	der Fall	Este es un caso muy difícil ... E case F le cas
emigrar ▶ la emigración	auswandern, emigrieren	Mucha gente emigra a Europa. E to emigrate F émigrer
poner **en contacto**	in Verbindung setzen, Kontakt herstellen	Ponte en contacto con Carlos.

chicano/-a *adj.*	Chicano-	
la imagen ▶ imaginarse	das Bild, die Vorstellung	¿Qué imagen tienes de Perú? E/F (l')image *f.*
dejar de + *Infinitiv*	aufhören zu + *Infinitiv*	¡Por favor, deja de molestarme! ≠ empezar a
el Día de los Muertos	der Tag der Toten *(Feiertag in Mexiko)*	
la Independencia ▶ independizarse (de)	die Unabhängigkeit	El México se celebra la Independencia E independence F l'indépendance *f.*
auténtico/-a	authentisch, echt	El mole es un auténtico plato mexicano.
alguien	jemand	– ¿Conocías a alguien en la fiesta? – No, a nadie. ≠ nadie
traer (yo traigo)	(mit-) bringen	Por favor, trae bebidas cuando vengas a casa.
el dulce	die Süßigkeit	En México se comen dulces con chile.
el chile	der Chili	
el/la único/-a ▶ lo único	der/die Einzige	Laura es la única hija de su familia.
el tamal	der Tamal *(gefüllte Maisteig-Tasche)*	
sí	schon	A mí sí me gustaría vivir en Madrid.
la oportunidad	die Möglichkeit, die Gelegenheit	¡Visita México si tienes la oportunidad! E opportunity F l'opportunité *f.*
Medicina	Medizin *(Studienfach)*	– ¿Estudias Medicina? – Sí, ¿y tú?
como	als *(bei Berufen)*	De momento Kike trabaja como camarero.
atender (e → ie) ▶ la atención	bedienen	La camarera atiende a los clientes. E to attend

el/la hispanohablante	der/die Spanischsprecher/in	
nunca más	nie mehr	Laura no quiere ver a Raúl nunca más.

PASO 2

la columna	die Kolumne	Sara escribe una columna para un periódico.
la estancia	der Aufenthalt	A Silvia le gustó su estancia en México.
sorprendido/-a ▶ sorprender ▶ la sorpresa	überrascht	Juan estaba sorprendido de ver a Alicia. E surprised F surpris/e
el lado	die Seite	Con Juan a su lado, Eva se siente segura.
la villa miseria	das Elendsviertel	En las villas miserias vive la gente más pobre.
es decir	das heißt	Juan es chicano, es decir, vive en EE.UU. pero es descendiente de una familia mexicana.
imposible	unmöglich	¡Nada es imposible! ≠ posible E/F impossible
la arquitectura	die Architektur	
llamar la atención que + *subj.*	auffallen, dass	Me llama la atención que aquí no haya gente.
italiano/-a	italienisch	
el/la porteño/-a	Person aus Buenos Aires	Eva es de Buenos Aires, es decir, es porteña.
la pasta	die Nudeln	La pasta es una comida típica italiana.
la pizzería	die Pizzeria	En las pizzerías se preparan pizzas.
argentino/-a	argentinisch	La carne de Argentina es muy famosa.
la carne de vacuno	das Rindfleisch	
la carne	das Fleisch	A Javi le gusta todo tipo de carne.
el/la argentino/-a	der/die Argentinier/in	Diego Maradona es argentino.
el asado	die Grillparty	Vamos a hacer un asado el sábado.

la costumbre ▶ acostumbrarse	die Gewohnheit; *hier:* der Brauch	El asado es una costumbre argentina. **E** custom **F** la coutume
el recipiente ▶ recibir	das Gefäß	
la calabaza	der Kürbis	
la bombilla	*hier:* der Strohhalm	¿Quieres una bombilla para tu zumo?
probar	probieren	¿Quieres probar de mi comida?
el mate	der Mate (-tee)	En el Cono Sur se bebe mucho mate.
la infusión	der Kräutertee	Jesús le prepara una infusión a Eva porque ella no se siente bien. **F** l'infusion *f.*
la hierba	das Kraut	**E** herb **F** l'herbe *f.*
aromático/-a	aromatisch	La comida italiana es muy aromática.
¡Es todo/-a un/a [...]!	Er/Sie/Es ist ein/e richtige/r/-s [...]!	¡Pablo es todo un músico!
el ritual	das Ritual	En Bolivia existen muchos rituales indígenas.
el pasaje	die Fahrkarte, das (Flug-) Ticket	Eva ya tiene pasaje a México para junio.
¿A que no [...]?	*hier:* Rate/t mal, [...]	¿A que no sabes a quién vi ayer?
aceptar	akzeptieren, annehmen	Sara ya no acepta dinero de su madre. ≠ rechazar **E** to accept **F** accepter
el/la político/-a	der/die Politiker/in	
el tango	der Tango *Musik, Tanz*	El tango es un fenómeno argentino.
el/la revolucionario/-a ▶ la revolución	der/die Revolutionär/in	Pancho Villa fue un revolucionario.
el/la dibujante	der/die Zeichner/in	Quino es un dibujante argentino.

PASO 3

la Plaza de Mayo	*Platz in Buenos Aires*	
la Casa Rosada	*Präsidentenpalast in Buenos Aires*	
la guía turística	der Reiseführer *Buch*	Ana se compró una guía turística sobre Cuba. E/F (le) guide
el/la niño/-a de la calle	das Straßenkind	
la impresión ▶ impresionante ▶ impresionar	der Eindruck	Tengo la impresión de que no me escuchas. E/F (l')impression *(f.)*
arrastrar	ziehen, schleppen	¿Me ayudas a arrastrar este carro?
el carro	der Wagen, der Karren	
el cartón	der Pappkarton	
abandonado/-a	verlassen *Adj.*	Los gatos abandonados viven en la calle. E abandoned F abandonné/e
el techo	das Dach	El gato subió al techo de la casa.
roto/-a	kaputt	¡Jolines, el coche está roto!
cuyo/-a	dessen/deren	Tengo una amiga cuyo padre es cubano.
abandonar	verlassen, aussetzen	¡Es muy feo abandonar un gato o un perro! E to abandon F abandonner
el olor	der Geruch	A mí no me gusta el olor a ajo.
desagradable	unangenehm	El olor a ajo me parece muy desagradable. ≠ agradable F désagréable
la mezcla	die Mischung	El «spanglish» es una mezcla de español e inglés.

la humedad	die Feuchtigkeit	Los plátanos necesitan humedad para crecer. E humidity F l'humidité *f.*
conversar ▶ la conversación	sich unterhalten	En la fiesta, la gente baila y conversa. = hablar E to converse F converser
hacer **travesuras**	Unfug machen	Los niños hacen muchas travesuras.
el/la mayor	der/die Älteste	De los tres hermanos, Jesús es el mayor.
taparse	sich bedecken, zudecken	Se tapó los ojos para no ver el accidente.
sucio/-a ▶ ensuciar(se)	schmutzig	Tienes las manos sucias.
protegerse (de)	sich schützen (vor)	En verano hay que protegerse del sol. E to protect F se protéger
de [...] años	[...] Jahre alt	Jesús tiene un primo de tres años.
tener **frío**	frieren	Si tienes frío, ¡ponte un abrigo!
romper el silencio	die Stille brechen	Nadie sabe qué decir. Alicia rompe el silencio.
romper ▶ roto/-a	kaputt machen	Javi rompió un cedé de Alicia.
el silencio	die Stille, die Ruhe	¡Silencio, por favor! E/F (le) silence
echar	ein-, weg-, ausgießen	Esta leche está mala, hay que echarla.
el pegamento	der Klebstoff	
drogarse	Drogen nehmen, sich betäuben	Ignacio se droga para olvidarse del frío.
olvidarse	vergessen	Sara se olvidó del cumpleaños de su prima. ≠ recordar; acordarse
afuera	draußen	¡Ponte el abrigo, afuera hace frío!
suceder	geschehen	¿Sabes qué sucedió en Madrid ayer? = pasar
la característica	die Charakteristik, das Merkmal	Elena tiene muchas características de una jefa.
el/la presidente	der/die Präsident/in	Si yo fuera presidenta, todo sería mejor.

el cáncer	der Krebs *(Krankheit)*	E/F (le) cancer

PARA COMUNICARSE

▌Vermutungen äußern
Yo podría vivir en otro país y aprender otra lengua.

▌Bedingungen formulieren
Si hiciera un viaje a América Latina, iría a Chile.

UNIDAD SUPLEMENTARIA **ESPAÑA Y EUROPA**

1. España en el siglo XX

la Guerra Civil Española	der Spanische Bürgerkrieg	
la guerra	der Krieg	Muchas personas murieron en la guerra. F la guerre
el golpe de Estado	der Putsch	Franco inició un golpe de Estado.
iniciar ▸ la iniciativa	einleiten	≠ terminar ≠ poner fin a E to initiate F initier
el general	der General	E general F le général
el/la militar ▸ el militarismo	der Militär *(höherer Offizier)*	Muchos militares apoyaron a Franco.
la fuerza	die (Streit-) Kraft	
la brigada	die Brigade, die Truppe	= la tropa E/F (la) brigade
el ejército	die Armee	Hay pocos países que no tienen ejército.
imponer	durchsetzen, verhängen	Pinochet impuso una dictadura en Chile. E to impose F imposer
la dictadura	die Diktatur	La dictadura de Franco duró 36 años. ≠ la democracia

el periodo	die Periode, die Phase, die Zeit	La dictadura fue un periodo difícil.
la represión	die Unterdrückung	La política de Franco era una política de represión. E repression F la répression
la censura	die Zensur *Kontrolle*	Muchos autores sufrieron por la censura.
el poder	die Macht	E power F le pouvoir
centrado/-a	zentriert, konzentriert	El poder está centrado en el presidente.
ir más allá de	über etw. hinausgehen	Sus capacidades van más allá de lo normal.
el catolicismo	der Katholizismus	E Catholicism F le catholicisme
el militarismo	der Militarismus	E militarism F le militarisme
aislado/-a	isoliert	España estuvo aislada del mundo. E isolated F isolé/e
Francia	Frankreich	En Francia se habla francés. E/F (la) France
la transición	der Übergang	En 1975, se inició la transición a la democracia.
la democracia	die Demokratie	España es una democracia.
la muerte ▶ morir ▶ muerto/-a ▶ el/la muerto/-a	der Tod	La muerte pone fin a la vida. F la mort
coronar	krönen	Anita fue coronada reina de carnaval.
el rey / la reina	der/die König/in	Muchas niñas sueñan con ser reina. F le roi / la reine
la constitución	die Verfassung	E/F (la) constitution
aprobar (o → ue)	zustimmen, genehmigen	La censura no aprobaba muchos libros. ≠ rechazar E to approve F approuver
el voto	die Wählerstimme	E vote E le vote

el/la Presidente del Gobierno	der/die Regierungspräsident/in	
el gobierno	die Regierung	En una democracia, la gente elige al gobierno. E government F le gouvernement
definitivo/-a	endgültig	Voy a Perú. Esta es mi decisión definitiva.
participar ▶ el/la participante	teilnehmen	Ana participa en una manifestación. E to participate F participer
la creación ▶ crear	die Gestaltung, die Erschaffung	La creación de una constitución es difícil. E creation F la création
la política ▶ el/la político/-a	die Politik	
común	gemeinsam	Jesús y Eva tienen mucho en común. E common F commun/e
resultar	sich erweisen als	Me resultó difícil el examen de mates.
la introducción	die Einführung	¿Qué piensas de la introducción del euro? E/F (l')introduction *f.*
la eurozona	die Eurozone	El euro es la moneda oficial de la eurozona.
introducir (yo introduzco)	einführen	En 2002 se introdujo el euro. E to introduce F introduire
la moneda (oficial)	die Währung	La moneda oficial de España es el euro.
sustituir (yo sustituyo)	ersetzen	En España, el euro sustituyó a la peseta. E to substitute F substituer
la peseta	die Pesete *(ehemalige spanische Währung)*	
enfrentarse a (a/c / alg.)	sich mit jdm./etw. auseinandersetzen, sich jdm./etw. stellen	Hay que enfrentarse a los problemas.
el reto	die Herausforderung	Irse a trabajar al extranjero es un reto.

capaz (*pl.* capaces) ▶ la capacidad	fähig	Nadie es capaz de aprender español en un mes. E/F capable
acabar con a/c	etw. ein Ende setzen	¡Vamos a acabar con el trabajo infantil! = poner fin a ≠ iniciar
el terrorismo ▶ terrorista	der Terrorismus	El gobierno lucha contra el terrorismo de la ETA. E terrorism F le terrorisme
la ETA	die ETA *(baskische Terrororganisation)*	
superar	überwinden	Vamos a superar todos los problemas.
la crisis económica	die Wirtschaftskrise	La crisis económica empezó en 2007.
la escasez	der Mangel	Mucha gente sufre por la escasez de agua.
el agua potable *f.*	das Trinkwasser	F l'eau potable *f.*
la ONU (Organización de las Naciones Unidas)	die UNO (United Nations Organization)	

2. Emigrantes españoles en Europa

la temporada	die Saison	Me gustaría pasar una temporada en Ibiza.
como si	als ob	¡No hagas como si no me entendieras!
amar ▶ el amor	lieben	Juan ama a María. F aimer
la patria	das Vaterland	Durante la guerra, mucha gente dejó su patria.
el ritmo	der Rhythmus	A Silvia le gusta el ritmo del merengue.
Inglaterra ▶ el inglés	England	En Inglaterra se habla inglés. F l'Angleterre *f.*
mío/-a	meine/r/-s	– ¿De quién es este cedé? – Es mío.

mío/-a/s – mein/e	**nuestro/-a/s** – unser/e
tuyo/-a/s – dein/e	**vuestro/-a/s** – euer/eure
suyo/-a/s – sein/e	**suyo/-a/s** – ihr/e

el billete	das Ticket	Eva compra un billete de tren. = el pasaje
la bola de queso	der Käselaib	
prometer	versprechen	Eva le promete a Jesús que va a volver pronto. **E** to promise **F** promettre
el/la cardiólogo/-a	der/die Kardiologe/-in, der/die Herzspezialist/in	
oscurecer	dunkel werden	En invierno oscurece bastante temprano.
el/la sueco/-a	der/die Schwede/-in	**F** le/la Suédois/e
el hockey sobre hielo	Eishockey	El hockey sobre hielo es mi deporte favorito.
patinar	eislaufen	En invierno se puede patinar en los lagos.

3. Mortadelo y Filemón – una historia de éxito en Europa

la serie	die Serie	– ¿Cuál es tu serie favorita? – Los Simpsons.
el cómic	der Comic	A muchos niños les gusta leer cómics.
humorístico/-a	humorvoll	«Mafalda» es un cómic humorístico. ≠ serio/-a **F** humoristique
publicar	veröffentlichen	Cada escritor sueña con publicar un libro. **E** to publish **F** publier
el/la protagonista	der/die Protagonist/in, die Hauptfigur	La protagonista de «Mafalda» es una niña.

ambos/-as	beide	Juan y Javi son primos, y ambos son guapos. = los/las dos
el/la agente	der/die Agent/in	James Bond es un agente muy famoso.
la parodia	die Parodie	«Mortadelo y Filemón» es toda una parodia.
el/la ayudante ▶ ayudar	der/die Gehilfe/-in, der/die Assistent/in	El ayudante de Elena fotocopia los documentos.
incluir (yo incluyo)	einschließen, umfassen	El precio del hotel incluye la comida. **E** to include **F** inclure
paródico/-a	parodistisch	**E** parodic **F** parodique
la misión	die Mission	**E/F** (la) mission
torpe	ungeschickt	Javi es torpe: siempre mete la pata.
meter la pata	ins Fettnäpfchen treten	
llevarse los golpes	*hier:* etw. ausbaden; Ärger abkriegen	Filemón siempre se lleva los golpes.
el golpe	der Schlag	El carterista me dio un golpe y se fue corriendo.
la consecuencia	die Konsequenz, Folge	El accidente tuvo graves consecuencias.
perseguir (yo persigo)	verfolgen	Yo perseguí al carterista por todo el barrio.
la intención ▶ intentar	die Absicht	¿Qué intención tienes con este plan? **E/F** (l')intention *f.*
vengarse	sich rächen	**F** se venger
escaparse	entwischen	El carterista se escapó con todo mi dinero. **E** to escape **F** s'échapper
disfrazado/-a	verkleidet	El día de carnaval, mucha gente está disfrazado.
el animal	das Tier	Me gustan los animales, sobre todo los gatos. **E/F** (l')animal *m.*

el fenómeno ▶ fenomenal	das Phänomen, die Erscheinung	El consumismo es un fenómeno moderno. **E** phenomenon **F** le phénomène
el danés	Dänisch *(Sprache)*	**F** le danois
el noruego	Norwegisch *(Sprache)*	**F** le norvégien
el checo	Tschechisch *(Sprache)*	**E** Czech
a lo largo de	im Laufe des/der; während des/der	A lo largo del día han pasado muchas cosas.
la Turquía ▶ el turco	die Türkei	**F** la Turquie
el Brasil	Brasilien	En Brasil se habla portugués.
a excepción de	außer, abgesehen von	A excepción de Mar, todos están en clase.
la fama ▶ famoso/-a	der Ruhm, die Berühmtheit	Almodóvar tiene mucha fama en España. **E** fame
el best seller	der Bestseller	Un best seller es un libro que se vende mucho.
provocar	verursachen, provozieren	Los pesticidas provocan la muerte de los parásitos. **E** to provoke **F** provoquer
largo/-a	lang	El Camino de Santiago es largo. ≠ corto/-a
la cola	die Warteschlange	Te estoy esperando en la cola.
ansioso/-a	erpicht, begierig	Eva está ansiosa por ver a su familia. **E** anxious **F** anxieux/-se
obtener (yo obtengo)	erhalten, bekommen	Es difícil obtener autógrafos. **E** to obtain **F** obtenir
autógrafo	das Autogramm	Vi a Almodóvar y le pedí un autógrafo. **E** autograph **F** l'autographe *m.*
el maestro	der Meister	Almodóvar es un maestro del cine español.

WORTSCHATZ FÜR DEN UNTERRICHT

¿Puedes ayudarme?	Kannst du mir helfen?
¿Tienes un boli/lápiz?	Hast du einen Kuli/Bleistift?
¿Podría repetirlo, por favor?	Könnten Sie das bitte wiederholen?
No lo entiendo.	Ich verstehe das nicht.
¿Podría hablar más lento, por favor?	Könnten Sie bitte langsamer sprechen?
Tengo una pregunta.	Ich habe eine Frage.
No entiendo la pregunta.	Ich verstehe die Frage nicht.
No he entendido el ejercicio / los ejercicios.	Ich habe die Aufgabe/n nicht verstanden.
¿Cómo se llama esto en español?	Wie heißt das auf Spanisch?
¿Cómo se dice «...» en español?	Wie sagt man „..." auf Spanisch?
¿Cómo se escribe «...»?	Wie schreibt man „..."?
¿En qué página está?	Auf welcher Seite steht das?

DISKUTIEREN

seine Meinung äußern

(Yo) Pienso/Creo que	Ich denke/glaube, dass ... .
Me parece que	Es scheint mir, dass ... .
Tengo la impresión que	Ich habe den Eindruck, dass ... .
En mi opinión	Meiner Meinung nach ... .
Para mí esto significa que	Für mich bedeutet das, dass ... .

(nach)fragen

¿Qué piensas sobre ... ?	Was denkst du über ... ?
¿Qué significa para ti ... ?	Was bedeutet für dich ... ?
¿Qué quieres decir con esto?	Was willst du damit sagen?
¿Me gustaría saber si	Ich würde gerne wissen, ob ... .
¿Piensas que ... ?	Denkst du, dass ... ?
¿En qué piensas cuando ... ?	Woran denkst du, wenn ... ?

zustimmen

(Estoy) De acuerdo.	(Ich bin) Einverstanden.
Tienes razón.	Du hast Recht.
Es exactamente mi opinión.	Das ist genau meine Meinung.
¡Por supuesto! / ¡Claro que sí!	Natürlich! / Selbstverständlich! / Klar!
Es una buena idea.	Das ist eine gute Idee.
Es verdad.	Das stimmt.
¿Por qué no?	Warum nicht?

ablehnen

No estoy de acuerdo (contigo).	Ich bin nicht (mit dir) einverstanden.
No veo las cosas como tú.	Ich sehe die Dinge anders als du.
No es verdad. / Es falso.	Das stimmt nicht. / Das ist falsch.
¡De ninguna manera! / ¡Claro que no!	Auf keinen Fall! / Natürlich nicht!

etwas vorschlagen

¿Por qué no ...?	Wie wäre es ... ? / Warum ... nicht ... ?
Podemos cambiar de tema.	Wir können das Thema wechseln.

nachfragen und um Erklärung bitten

¿Perdón?	Wie bitte? / Entschuldigung?
No te he comprendido bien.	Ich habe dich nicht gut verstanden.
(Un poco) Más lento, por favor.	(Etwas) Langsamer, bitte.
¿Podrías repetirlo, por favor?	Könntest du das bitte wiederholen?
«...», ¿qué significa?	Was bedeutet «...»?
¿Cómo se dice «...» en inglés/alemán?	Wie sagt man «...» auf Englisch/Deutsch?
¿Podrías ayudarme?	Könntest du mir helfen?

Zeit gewinnen

Pues	Also/Nun ... .
Espera (un momento / un minuto).	Warte einen Moment / eine Minute.

Freude/Begeisterung zeigen

¡Qué genial!	Genial!
¡Qué pasada!	Toll! / Abgefahren!
¡Vaya!	Na so was! / Wow!

Traurigkeit/Bedauern ausdrücken

¡Qué triste!	Wie traurig!
¡Qué pena!	Wie schade!
¡Qué mala suerte! / ¡Qué mala pata!	So ein Pech!
¡Qué horror!	Schrecklich!

jemanden trösten

¡No te preocupes!	Mach dir keine Sorgen!
No es tan grave.	Es ist nicht so schlimm.

Einverständnis erklären

¡De acuerdo!	Einverstanden.
¡Vale!	Ok. / In Ordnung.
¡Por supuesto!	Natürlich. / Selbstverständlich.
¡Claro que sí!	Natürlich. / Klar.

sich entschuldigen

¡Perdona!	Entschuldige.
Lo siento.	Es tut mir leid.

WÖRTER UMSCHREIBEN

Es una persona/alguien que	Er/Sie ist eine Person/jemand, der/die ... .
Es una cosa/algo que	Es ist eine Sache / etwas, die/das ... .
Es un lugar donde	Es ist ein Ort, wo ... .
Se usa para	Man benutzt es, um ... .
La palabra significa	Das Wort bedeutet ... .
Es otra palabra para ... / un sinónimo de	Es ist ein anderes Wort für ... / ein Synonym von ... .
Es lo contrario / un antónimo de	Es ist das Gegenteil / ein Antonym von ... .

PERSONEN BESCHREIBEN

über das Äußere einer Person sprechen

Es ...	Er/sie ist ...
joven / viejo/-a	jung / alt
alto/-a / bajo/-a	groß /klein
rubio/-a / pelirrojo/-a / de pelo castaño/negro	blond/rothaarig/braunhaarig/schwarzhaarig
de pelo largo/corto	lang-/kurzhaarig
delgado/-a / gordo/-a / guapo/-a / feo/-a	schlank/dick/hübsch/hässlich
Tiene los ojos azules/verdes/oscuros.	Er/Sie hat blaue/grüne/dunkle Augen.
(No) Lleva gafas.	Er/Sie trägt eine/keine Brille.

über den Charakter einer Person sprechen

Es aburrido/-a / alegre / amable[1] / bondadoso/-a[2] / bueno/-a / cálido/-a[3] / curioso/-a[4] / deportista[5] / divertido/-a / falso/-a[6] / gracioso/-a[7] / inteligente / majo/-a[8] / maligno/-a[9] / rudo/-a[10] / serio/-a / simpático/-a / sincero/-a[11] / tranquilo/-a / ...

1 **amable** freundlich 2 **bondadoso/-a** gutmütig 3 **cálido/-a** warm, warmherzig 4 **curioso/-a** neugierig
5 **deportista** sportlich 6 **falso/-a** falsch 7 **gracioso/-a** lustig, witzig 8 **majo/-a** nett 9 **maligno/-a** bösartig
10 **rudo/-a** harsch, unfreundlich 11 **sincero/-a** aufrichtig, ehrlich

A_tope.com
Vokabeltaschenbuch

Redaktion: Ute Gebel und Matthias Nusser
Illustrationen: Joaquín González Dorao
Gesamtgestaltung: Regelindis Westphal, Berlin
Technische Umsetzung: Marina Goldberg

www.cornelsen.de

1. Auflage, 2. Druck 2012

Alle Drucke dieser Auflage sind inhaltlich unverändert und können im Unterricht nebeneinander verwendet werden.

Druck: H.Heenemann, Berlin

ISBN 978-3-464-20544-0

Inhalt gedruckt auf säurefreiem Papier aus nachhaltiger Forstwirtschaft.